RADIO REBELDE
BRAVO TO FIDEL CASTRO
WELCOME TO GHANA
GASOLINA-DIESEL

R. TROPMILTE
02. 10. 2007

CHE GUEVARA

ouvrage dirigé par :

Lise Boëll

À Cuba que j'ai tant aimé,
À Candice, Thibault et Jackie que j'aime tant...

22, rue Huyghens
75014 Paris
www.albin-michel.fr

ISBN : 2-226-14296-7

Alain Ammar

CHE GUEVARA

LE CHRIST ROUGE

Albin Michel

Chers vieux,

[...] *Je crois en la lutte armée comme l'unique solution pour les peuples qui combattent pour leur liberté et je suis conséquent avec mes croyances. Beaucoup disent de moi que je suis un aventurier, et je le suis, d'un type pourtant différent, de ceux qui risquent leur peau pour défendre leur vérité.*
Il est possible que ce combat soit le dernier. Je ne le cherche pas, mais cela fait partie des probabilités. Si c'est le cas, je vous adresse un dernier baiser.
À ceux que j'aime le plus, je n'ai pas su exprimer mon amour. Je suis trop figé dans mes actions et je crois que, parfois, vous ne m'avez pas compris. Ce n'était pas facile de me comprendre. Pour ma part, ce n'est qu'aujourd'hui que je crois en moi. Maintenant une volonté que j'ai polie avec une délectation d'artiste soutiendra des jambes molles et un poumon fatigué. Mais je le ferai.
Souvenez-vous parfois de ce petit « condottieri » du XXe *siècle.*[...]

Ernesto.

Lettre du Che à ses parents avant son départ pour le Congo

« La vérité d'un jour n'est pas celle de toujours !... »

Cette phrase, selon ses proches, Che aimait la répéter comme s'il craignait, visionnaire, que ce qu'il faisait, disait, pensait, écrivait, ne valait que sur l'instant. Que le temps resterait toujours maître des mots et des choses. Sans doute, la raison en était son amour de la photographie, de l'instantané, du cliché qui fige à jamais une vérité intangible que le temps ne peut plus détourner. La vie de cet homme, ramassée en moins de quarante ans, est une série de photographies, chacune raconte ce qu'il fut : étudiant, routard, médecin, guerrier, père, ministre, écrivain, lecteur... aventurier de l'instant. Un don Quichotte moderne chevauchant sa Rossinante sans répit, à l'existence débordante qui ne s'embarrasse pas des mollesses du quotidien. Un film qui se déroule image par image, traçant les désirs secrets de chaque être humain : *Faire de sa vie une épopée...*

C'est pour cela que le Che fait encore rêver. Sa démarche fut une ascension permanente, vertigineuse, un exemple difficile à suivre car il ne s'accordait aucune circonstance atténuante, aucun fléchissement. La maladie le taraudait, l'asthme le rongeait, le temps lui était compté, mais il savait se battre contre lui. Jour et nuit, il millésimait chaque paragraphe de ses journaux secrets, là aussi pour figer ses pensées de l'instant, sans fioritures, sans fards, brutes comme le sont les choses de l'existence, âpres pour échapper à la décomposition des années qui passent. C'est pour cela aussi que le Che reste synonyme de jeunesse et de foi et que sa mort embaume une vie hors du commun.

S'il avait vécu, Che aurait, aujourd'hui, soixante-quinze ans... Que serait-il advenu de ses idées, de ses convictions ? Comment aurait-il accepté l'inquisition du temps, la mise au pilon de ses fulgurances, l'avortement de son « homme nouveau », la décapitation de ses espérances, le retour à l'égoïsme effréné ? Même si la comparaison déplaît ou dérange, il fut un Christ à sa manière, tant d'images nous y font songer, tant d'attitudes, de similitudes dans la destinée, mais en même temps d'intransigeances et de noblesse dans le comportement.

CHE VIVE s'inscrit encore sur tous les murs des cités déshéritées, des ghettos du tiers-monde aux banlieues bannies des capitales du monde « global », enrôlé comme le symbole contraire d'une sauvagerie tolérée. Son image est désormais virtuelle, « internétisée », mais renvoie toujours à l'idée de délivrance, d'immortalité, un paradoxe inscrit dans ces photographies. Mort en pleine jeunesse dans un village des Andes boliviennes en 1967, Che a ressuscité...

Depuis deux générations, le Che est physiquement mort et pourtant son fantôme continue à hanter la planète. Pas un groupe armé, pas une révolte, pas une lutte syndicale ou sociale en Amérique latine ou ailleurs qui ne se revendique de sa mémoire, comme s'il avait créé une jurisprudence de la morale... Une sorte de code de la dignité humaine qui confère à la figure du Che une référence salutaire. Il avait ce quelque chose en plus qui fait de lui un personnage à part, inimitable. Peut-être est-ce dû à son asthme, cette maladie redoutable, anxiogène, une angoisse permanente, un handicap qui façonne des êtres à la marge, « *une crise,* disent les médecins, *qui mime, de manière dramatique et répétitive, la mort par étouffement* ». Sans doute cette permanence de la mort dans la vie du Che a-t-elle créé en lui une sorte d'ascétisme et de dépassement de soi propres à tout asthmatique, à se construire une armure blindée et une volonté de fer, mais cette maladie n'a-t-elle pas non plus contribué à donner un sens à son existence ? Lui qui ne voulait pas mourir dans un lit a trouvé une aventure digne, même si elle paraît, avec le temps, brouillonne et irréaliste... une aventure visant à libérer les peuples. D'ailleurs beaucoup ne s'y sont pas trompés. Lorsque, sortis en 1994 du Chiapas mexicain, les « zapatistes » indiens du sous-commandant Marcos déposent les armes après seulement douze jours de combat contre l'armée régulière, c'est une façon de donner raison au « second » Che, celui qui, après avoir triomphé militairement, a renoncé au pouvoir pour revenir à la lutte auprès des paysans, du peuple, de ceux pour lesquels le combat a eu lieu : les pauvres et les déshérités. Trop de révolutions triomphantes ont oublié l'essence même de leur existence pour sombrer à leur tour dans un schéma qu'elles venaient de combattre. Sans doute aussi est-ce pour cela que le Che garde la figure d'un éternel rebelle.

Le 9 octobre 1967, j'étrennais mes treize ans sur les bancs d'un collège parisien, Ernesto Che Guevara venait de mourir, il m'était inconnu. Quelques mois plus tard, avec les événements de Mai 68, son visage sévère ceint d'un béret noir fiché d'une étoile s'étalait sur les murs de toutes les universités de France. Ce fut ma première rencontre avec ce révolutionnaire latino-américain. Depuis je n'ai eu de cesse de comprendre qui était cet homme venu rompre sa vie sur les sentiers accidentés de Bolivie après avoir contribué, au péril de son existence, à rendre espoir aux Cubains.

Qui était cet Argentin de trente-sept ans, médecin, beau comme un acteur de cinéma, asthmatique jusqu'à l'exaspération, qui avait quitté les honneurs d'un combattant triomphant, d'un ministre, d'un père comblé, pour se perdre sur les champs de guérilla d'Afrique et d'Amérique latine en quête d'un « homme nouveau », d'un homme meilleur ?

Son utopie m'a atteint, déconcerté, désespéré, émerveillé. J'ai eu envie d'approcher de plus près ce *guerillero heroico*, de le connaître mieux, pas seulement en traquant ses moindres faits et gestes pour en dégager une « énième » biographie scandée de dates et de détails, mais surtout en rencontrant ceux qui de près ou de loin, détracteurs et exégètes, parents et amis, vivaient encore sous son étoile, rappelant à sa mémoire chaque moment décisif de leur vie comme les premiers chrétiens le firent avec Jésus de Nazareth. Égrenant leurs souvenirs comme autant de miracles ou de préceptes à suivre.

Cet homme était multiple, imparfait, parfois contradictoire et rigide, mais aussi d'un charisme exceptionnel et d'un idéalisme qui confine à la naïveté. C'était l'insurrection morale personnifiée... Il était d'une nature âpre et sans concession, éclairé d'une volonté « quasi messianique » : combattre l'impérialisme en étant sans pitié pour les adversaires, ceux qui se sont mis en travers de sa voie. Che n'avait aucun complexe, se moquait de l'apparence, mais considérait que tous les hommes avaient droit à la dignité.

Il fut à la recherche permanente d'oxygène, acceptant la mort mais refusant la souffrance. Rebelle à toute pensée figée et convaincu que l'exaltation du combat était la seule réponse, dans ce monde, qui justifie une vie. Son exemple, aujourd'hui surexploité par une idéologie fracassée, appartient aussi à tous ces marchands du temple qui ont détourné sa mémoire à leurs profits, mais prolonge étonnamment le mythe comme si ce dernier avait besoin de se nourrir d'images « pieuses »...

Cette nouvelle enquête fut bizarrement moins ardue que les précédentes... Ses derniers compagnons de lutte m'ont donné l'impression qu'il n'y avait plus rien, ou presque, à cacher chez un personnage qui fait désormais partie de la « mythologie collective », que sa pensée avait fait école, même si elle ne triomphe nulle part.

C'est pour cela, une fois encore, que nous avons décidé de publier un nouveau livre d'images avec davantage de photos et d'attitudes inédites ou moins connues. Quant aux témoins que nous avons rencontrés et d'autres que nous avons revus, ils ont engagé leurs souvenirs et leurs émotions pour permettre une meilleure connaissance de ce « Christ rouge ».

« ... JE DOIS REMPLIR MON DEVOIR, ABANDONNER MA CAPE DE CHEVALIER ERRANT ET PRENDRE N'IMPORTE QUEL ENGIN DE COMBAT... »

Che - lettre à sa tante Beatriz

« J'ai pu le regarder et voir l'éclat déchirant de son regard inquiet... »
Salvador Allende, Février 1959

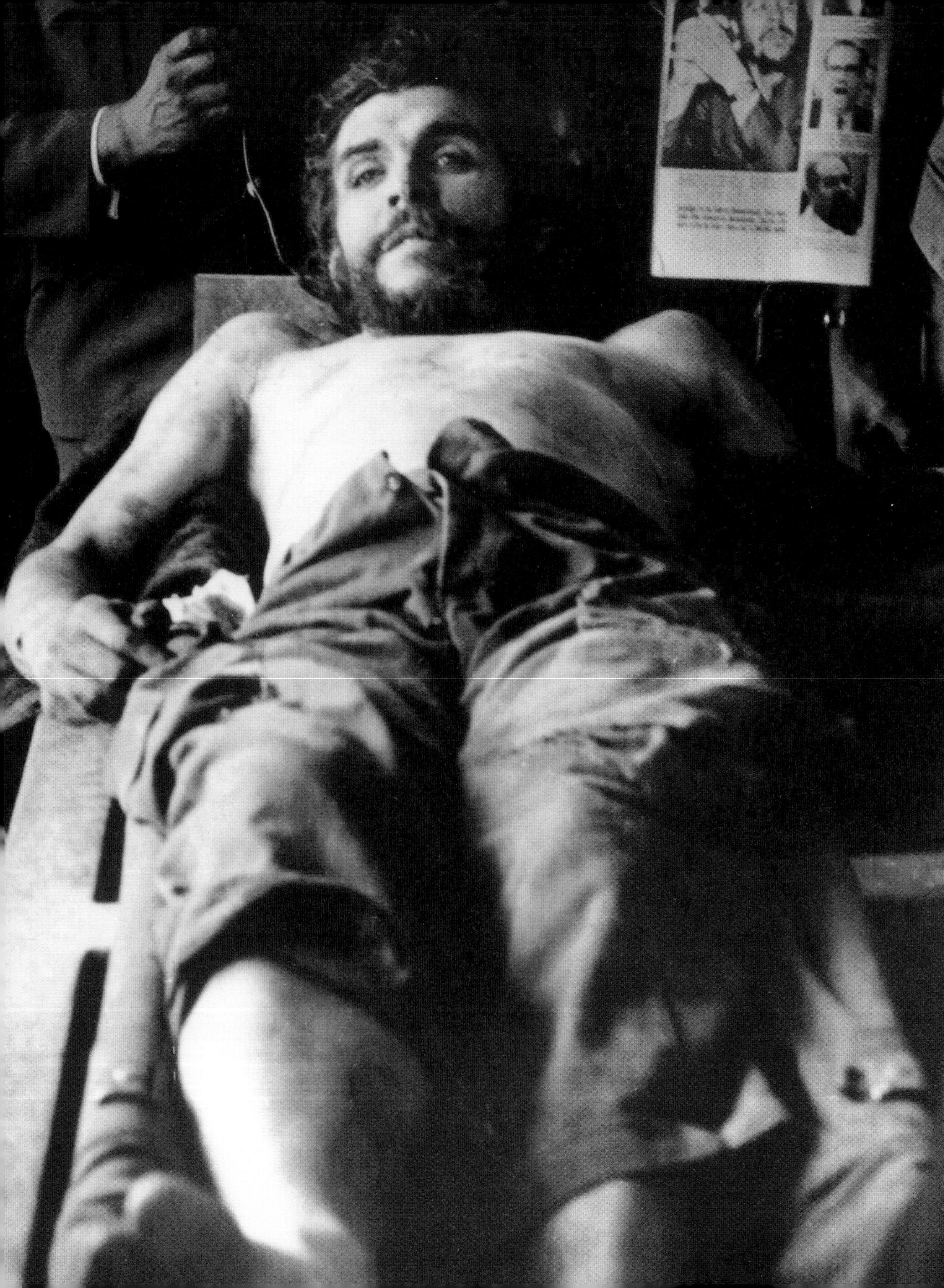

« Le sang du Che a coulé pour tous les exploités. »
Fidel Castro

LE CHRIST ROUGE

« Tire, n'aie pas peur ! Tire ! »

Il est 13 heures, nous sommes le 9 octobre 1967, dans une petite école de La Higuera, bourgade montagnarde plantée sur les premiers contreforts des Andes en Bolivie. L'homme s'appelle Ernesto Guevara de la Serna, connu sous le sobriquet « El Che ». Barbu, hirsute, blessé et des bandelettes sales autour des pieds, il regarde fixement son bourreau qui tremble d'émotion. Le sergent Mario Terán, désigné volontaire pour la besogne parce que c'est son anniversaire, tire en fermant les yeux une rafale de fusil-mitrailleur sur le Che après s'être copieusement imbibé d'alcool. Il est 13 h 10, le Che est mort criblé de huit balles comme l'établit l'autopsie : deux de part et d'autre du cou, trois balles dans la poitrine, une dans l'avant-bras droit, une autre qui lui a ouvert la cuisse et une dans la jambe droite. Pour que tous puissent contempler la plus importante prise de l'armée bolivienne, deux soldats soulèvent la tête du Che et mettent sa poitrine à nu. Une poitrine creusée par trente-neuf années d'asthme et huit mois de malnutrition dans les régions désertiques du

Sud-Est bolivien. Ils l'étendent ensuite sur le marbre froid de l'hôpital Nuestra Señora de Malta et demandent à une infirmière de le laver, le peigner, et de rafraîchir sa barbe clairsemée. Le corps criblé de balles, le visage apaisé et serein, les yeux ouverts et les pieds écorchés, le Che rejoint le panthéon des grands hommes. Badauds, voisins et journalistes accourent pour voir la prise. L'homme qui paraissait un épouvantail quelques heures plus tôt, débraillé et mal rasé, ressemble maintenant à l'image du Christ, l'œil encore ouvert défiant le temps. Les soldats boliviens, dans leur désir d'immortaliser leur victoire, ont retouché la réalité : du rebelle dépenaillé, blessé, vaincu par tant de privations et de souffrances, isolé et meurtri, ils ont fait un martyr que les photographes allaient fixer pour l'éternité. Le Christ rouge nargue ses tortionnaires, dans la chaleur humide du lavoir de Vallegrande, et devient un mythe que rien ni personne désormais ne saura contrôler. Vainqueur de la mort, Che Guevara a réussi son pari... Son visage, ses idées se sont répandus à travers la planète, comme s'il avait deviné qu'un jour sa mort ferait de sa vie un destin.

Le 18 octobre 1967, face à un million de Cubains massés place de la Révolution à La Havane, Fidel Castro confirme l'inconcevable : la mort du commandant Ernesto Che Guevara, son compagnon de la Sierra Maestra, le médecin argentin, devenu presque par accident gouverneur de la Banque centrale de Cuba et, plus tard, ministre de l'Industrie. La nouvelle est un choc sans précédent depuis le triomphe des *barbudos*... Le silence est total et, parmi cette foule immense, nombreux sont ceux qui ne peuvent retenir leurs larmes. Depuis plus de deux ans, Che n'était plus apparu sur l'île et les spéculations allaient bon train. On le savait infatigable ludion révolutionnaire, mais le peuple découvrait, ce jour-là, qu'il s'était dépensé sans compter sur tous les fronts : le tiers-monde, l'Afrique et l'Amérique latine. Pourtant, aussi terrible soit-elle, la nouvelle est implacable, le *guerillero heroico* est tombé au combat, neuf jours plus tôt dans un maquis bolivien.

Référence d'un Mai 68 bouillonnant, l'effigie du Che Guevara réapparaît quelques mois à peine après sa disparition comme le symbole de lutte de toute une jeunesse écœurée du monde qu'on lui propose, du frontispice de la Sorbonne en France jusqu'aux chambres des étudiants italiens ou allemands. Che fait école, son combat rend espoir, son intégrité morale inspire les barricades et fait croire en des lendemains meilleurs... Mais le temps efface le souvenir du rebelle argentin. Il ne reste plus rien ou presque de l'emphase révolutionnaire qui enflammait les foules et passionnait la jeunesse du monde. Trente-cinq ans après, le communisme est aux oubliettes et « marxisme » rime avec « has been ». L'enthousiasme s'est transformé en méfiance et la méfiance en dénonciation, en accusation. Le rêve a accouché d'une réalité monstrueuse. Aujourd'hui Castro enferme pour vingt ans et plus des opposants comme Raul Rivero ou Leonardo Bruzon, pour avoir seulement réclamé des élections libres avec leurs poèmes ou leurs articles... Il n'est plus possible de penser autrement à Cuba... Pourtant Che, plus que tout autre, a incarné ce rêve de liberté, même s'il poursuivait un but hautement politique : combattre pied à pied les impérialistes en leur faisant la guerre.

Che a quitté Cuba parce que Castro ne lui a pas laissé le choix. Après le discours d'Alger, il était devenu encombrant, indésirable au sein du gouvernement cubain. Sa manière de penser, de dire et d'agir gênait tout le monde... À Washington pour ses prises de position anti-américaines, à Moscou parce qu'il accuse les Soviétiques de trahir l'idéal socialiste, et à Cuba où, à force de jouer les francs-tireurs, il s'est attiré les foudres de beaucoup de ceux qui entouraient Fidel. En raison de leur amitié et

Lorsque la nouvelle de la mort du Che se répandit, des dizaines de reporters accoururent au lavoir de Vallegrande pour voir sa dépouille.

de leur passé commun, Castro lui permit de poursuivre son chemin, d'aller au Congo, puis en Bolivie dans la perspective de créer un foyer révolutionnaire en Argentine. Par là, Fidel Castro tenait sa promesse et dans le même temps se débarrassait d'un personnage trop voyant et incontrôlable. Il donnait ainsi satisfaction à ses alliés soviétiques et restait le grand maître ès révolution de Cuba. S'est-il posé la question de savoir si le Che allait revenir vivant de ces expéditions – notamment de Bolivie ? Et l'a-t-il laissé errer sur les plateaux andins alors que d'autres guérillas étaient largement soutenues par La Havane ?...

« La clé de la mise à mort du Che, explique François Maspéro, ami et éditeur du révolutionnaire, *se trouve ainsi déjà inscrite dans sa vie et dans son projet politique. Si le Che a été tué en Bolivie, c'est parce qu'il y a eu finalement un consensus pour tuer le projet dont il était porteur et qui l'avait conduit là. »*

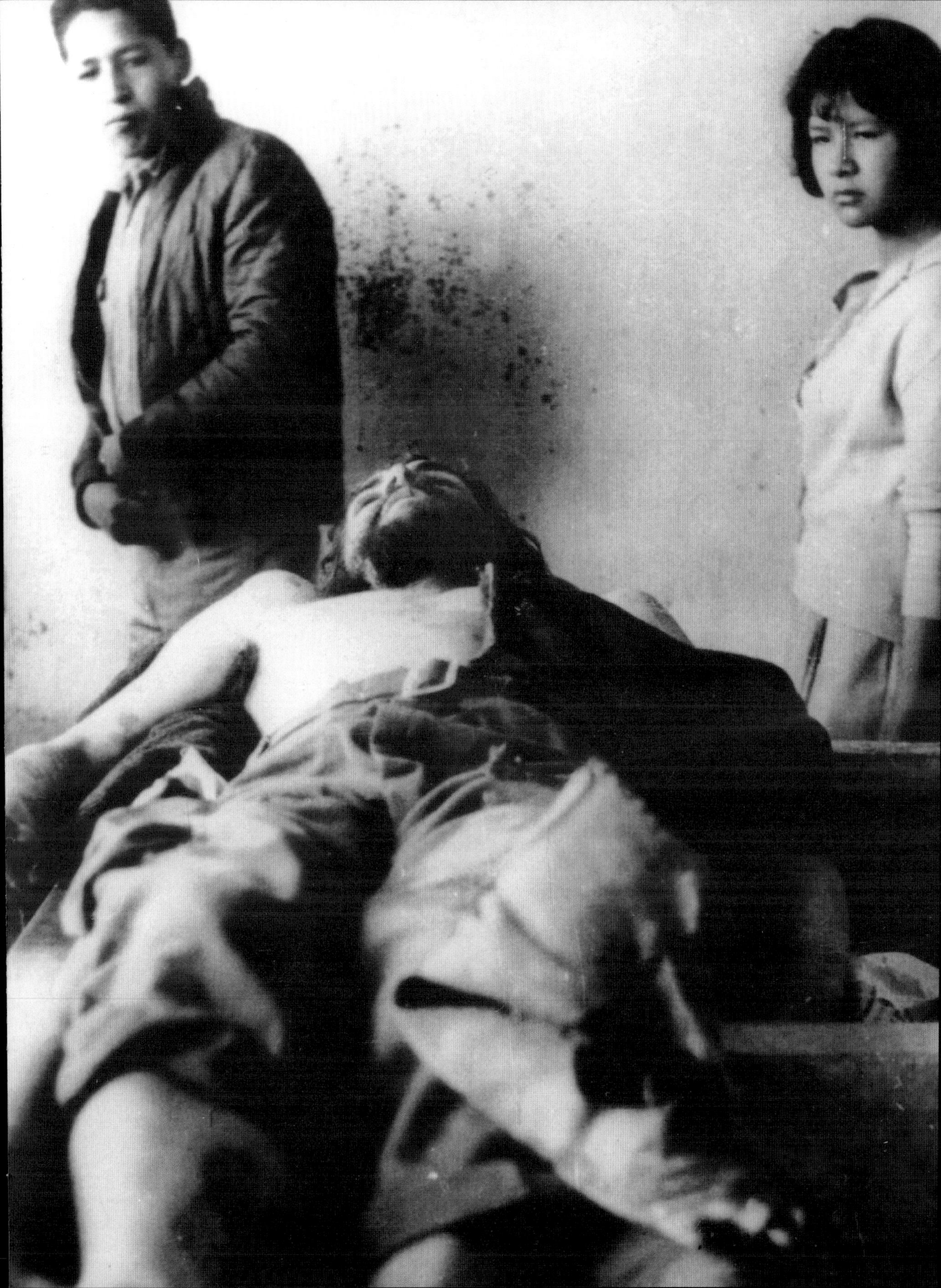

« … il est
mort pour
nous comme
Jésus Christ.

« Je pensais que j'étais en train de prendre des photos du Christ !... ». Trente-cinq ans plus tard, Freddy Alborta est encore sous le coup de l'émotion quand il évoque ces minutes du 9 octobre 1967 où il fixa sur la pellicule et pour l'éternité le corps gisant du Che comme s'il s'agissait du Christ... Lorsque les soldats boliviens le conduisent, avec d'autres photographes, vers le cadavre d'Ernesto Guevara installé dans le lavoir de Vallegrande, Freddy Alborta, photographe indépendant, croit que celui-ci est encore vivant. Il prend quelques clichés d'un homme pour lequel il nourrissait une réelle admiration, mais reste mal à l'aise, notamment en raison d'autres corps de rebelles que l'armée bolivienne avait abandonnés sur le sol. L'atmosphère est pesante malgré l'agitation qui règne dans le lavoir... Freddy Alborta réalise en tout 77 photos dont celles qui ont contribué au mythe du « guerrier héroïque », son talent inspiré a fait de ce photographe bolivien qui vit toujours sur les contreforts des Andes, au même titre qu'Alberto Korda, le « fixateur » de l'un des plus grands symboles de l'histoire moderne.

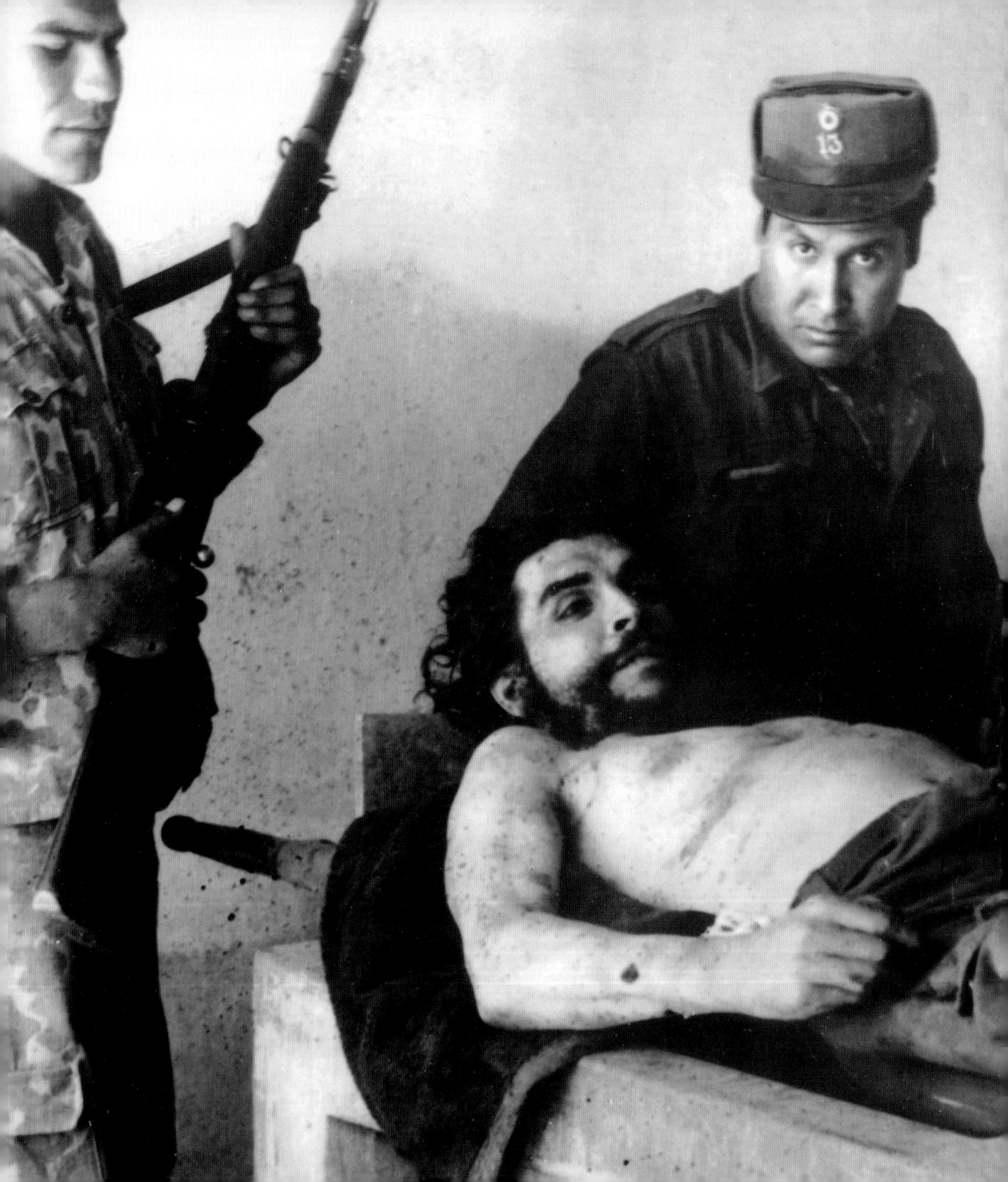
13

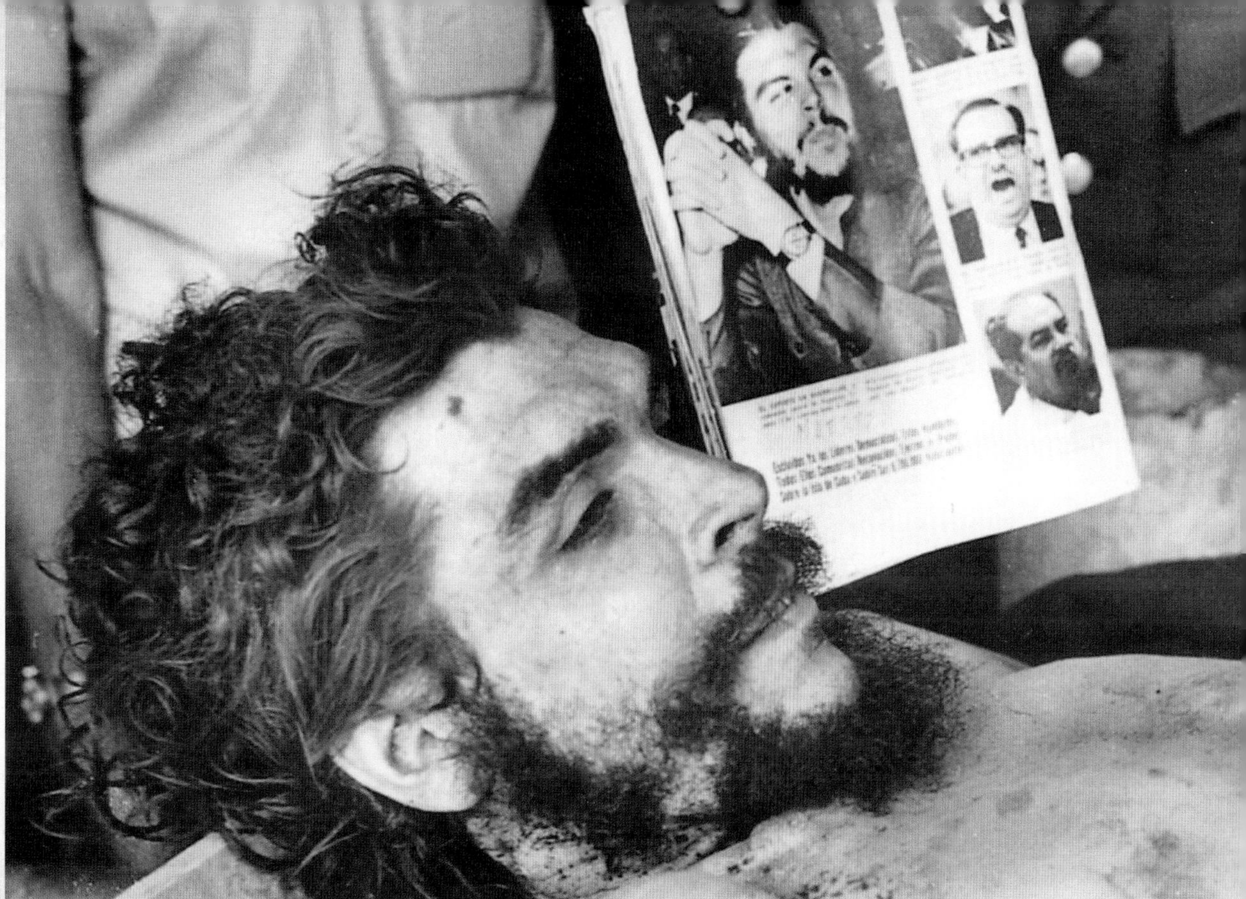

Un soldat compare à la dépouille la photo du Che publiée dans un magazine pour prouver qu'il s'agit bien du même homme.

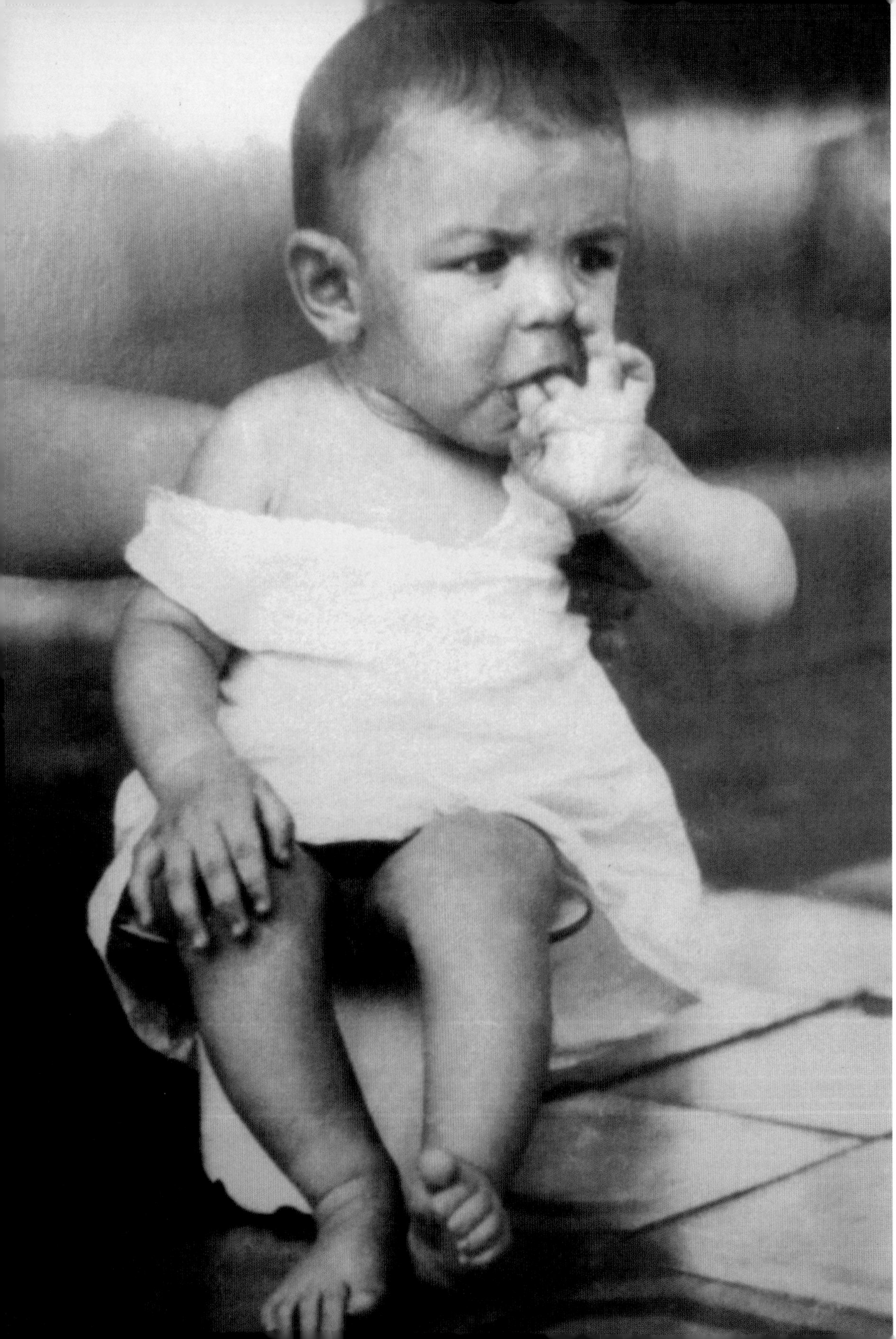

Ernestito suçait ses doigts comme beaucoup d'enfants de son âge, mais c'était aussi pour mieux respirer lorsqu'il était en proie à une crise d'asthme.

NAISSANCE D'UN RÉVOLUTIONNAIRE

Ernestito, dit « Tété », est né le 14 juillet 1928 à Rosario, un petit village argentin. Il sera l'aîné de cinq enfants. Son père Ernesto Guevara-Lynch, ingénieur en construction civile, épouse Célia de la Serna, garçon manqué, courtisée par les meilleurs prétendants de Cordoba mais qui s'en moque éperdument... Ils vivent une bohème aisée et transmettront à leurs cinq enfants l'amour de l'aventure, la soif de la connaissance et un humour dévastateur. Célia de la Serna, durant toute son existence, a une grande influence sur son fils et entretient avec lui une abondante correspondance.

Le 2 mai 1930, Ernestito n'a pas encore deux ans lorsque Célia, nageuse invétérée, le laisse nu au bord du Río de la Plata à San Isidro. L'enfant grelotte de froid, il contracte une bronchite et passe une nuit blanche entre la vie et la mort, le souffle coupé... Pour la première fois, Ernesto est secoué par une crise d'asthme, l'asthme qui ne le lâchera plus tout au long de sa vie.

« *Lorsqu'il sentait venir une crise,* raconte son père dans son livre de souvenirs Mi hijo el Che, *il restait tranquillement dans son lit et commençait à subir l'étouffement que les crises de toux produisent chez les asthmatiques. Sur les conseils des médecins, j'avais à portée de main un grand ballon d'oxygène* [...]. *Il ne voulait pas s'accoutumer à cette panacée, et résistait tant qu'il pouvait, mais quand les effets de l'asphyxie le rendaient violet, il commençait à faire des bonds dans son lit, et il me montrait du doigt sa bouche pour que je lui donne de l'air.* »

Très vite sa mère, devant une maladie qui paraît incurable, le laisse libre de ses mouvements et n'entrave pas ses élans ni son goût pour l'aventure. Mais le mal est toujours présent, lancinant. Le désespoir au cœur, les parents d'Ernesto consultent des guérisseurs et essaient des remèdes parfois farfelus... « *Je me rappelle,* poursuit son père, *que quelqu'un m'avait dit que les asthmatiques étaient soulagés quand ils dormaient avec un chat dans leur lit. Je n'y ai pas réfléchi à deux fois, et j'ai attrapé un soir un chat vagabond que j'ai mis dans le lit d'Ernesto. Résultat, le lendemain matin, le chat était mort asphyxié et Ernesto souffrait toujours de son asthme !...* » L'enfant se montre téméraire et sportif mais déteste l'eau froide, facteur de puissantes crises d'asthme et qui lui fera prendre, plus tard, douches ou bains avec parcimonie...

Enfant vif et curieux de tout, il se passionne pour les échecs. Pour lui, ce jeu est un exercice intellectuel qui le stimule, notamment lorsqu'il s'agit de vaincre un adversaire à sa hauteur. Malgré des crises d'asthme régulières et violentes, il pratique à bon niveau la natation et l'athlétisme sans jamais négliger sa passion de toujours : la lecture. Grâce à sa mère et à l'impressionnante bibliothèque dont il dispose chez lui, Ernesto dévore tout ce qui se présente : de Rousseau à Gandhi en passant par Freud, Sophocle, Shakespeare ou García Lorca et Baudelaire... Il a une affection particulière pour ce qui vient de France, pays des droits de l'homme, des encyclopédistes et surtout de la Révolution. Cette attirance pour le pays de Voltaire l'amène, là aussi aidé par sa mère, à apprendre le français et à le parler correctement. Avec ses copains les frères Granado, il forme une équipe de rugby et prouve son penchant pour les exercices violents. Alberto, l'un de ces frères, devient son meilleur ami, et le surnomme Fuser (contraction de *furibondo*, « le furieux », et de Serna, le nom de sa mère). En retour Ernesto appelle Alberto, Mial (Mon Alberto). Lorsque ce dernier devient médecin et curieux d'un monde en perpétuel mouvement, Ernestito entreprend avec lui un voyage qui, selon Ernesto, doit compléter les connaissances du médecin qu'il souhaite devenir, sans doute pour comprendre l'asthme qui l'assaille sans relâche, plus que par vocation, et aussi pour sa grand-mère adorée Ana Isabel décédée d'une congestion cérébrale qu'il n'avait pas su déceler...

Mial et Fuser, après s'être interrogés sur une incursion en Europe, se rabattent sur l'Amérique latine, ses civilisations précolombiennes et sa culture qui est également la leur.

« *C'était un rêve que je caressais,* se souvient Alberto Granado, *et seul Ernesto a bien voulu me suivre. Nous avons traversé les paysages de notre continent, connu la vie des aborigènes du Pérou, la pauvreté de beaucoup d'hommes et la richesse des autres. Ce fut un premier pas vers la rébellion en faveur des pauvres et des déshérités de ce monde. Notre amitié n'a jamais connu de fin. Plus tard, lorsque je l'ai retrouvé à Cuba, il était fasciné par la pensée et le personnage de Bolivar. Che était convaincu que seule la force armée pouvait faire triompher et s'épanouir les Révolutions. Je l'ai donc vu fréquemment angoissé par son souci de bien prendre en charge son travail et ses responsabilités à Cuba, ce qui l'obligeait à repousser le moment de partir pour continuer la lutte...* »

En raison de son
asthme Ernestito
fut très entouré
par ses parents
et en particulier
par sa mère
qui se sentait
responsable de
sa maladie.

Ernestito détestait se baigner. Lorsqu'il partait en famille à la piscine, il refusait de prendre un bain.

C'est son oncle Jorge de la Serna qui lui insuffla le goût du pilotage.

Le 20 juin 1952 Mial et Fuser, sur le radeau Mambo-Tango, viennent de quitter la colonie de lépreux de San Pablo et descendent la rivière Amazone.

La date du départ est finalement fixée au 29 décembre 1951. Ils chargent une moto Norton d'une tente, de sacs de couchage et de cartes routières emballées dans de la toile de jute et partent pour une aventure de 10000 kilomètres en chevauchant la *Poderosa II* (la *Vigoureuse*) vers le nord de la Patagonie et du Chili. Durant sept mois ils écument plusieurs États sud-américains secoués par des soubresauts révolutionnaires ou écrasés par des dictatures. Partis de Cordoba au centre de l'Argentine, ils doivent abandonner la Norton à Santiago du Chili en mars 1952 et poursuivre leur route en auto-stop, à bord de camions, de trains bondés d'Indiens et d'autochtones souvent pauvres et misérables : Valparaiso, Chuquicamata, avant d'arriver aux gigantesques mines de cuivre gérées par des « yankees » qui révèlent aux deux amis la vraie misère, l'injustice et l'exploitation outrancière des hommes et notamment des Indiens Araucos. Dans son livre sur ce voyage, Alberto Granado se souvient de ce moment : « *Par un tour de passe-passe qui échappe aux Indiens,* dit-il, *leur terre rouge et riche se transforme en billets verts.* » Dans ces mines de la Braden Company, Ernesto sent confusément l'envie de se battre pour un idéal : défendre son prochain, faire cesser l'exploitation de l'homme par l'homme. Son combat sera politique.

Le Pérou et l'ascension du Machu Picchu constituent une nouvelle étape avant l'Amazonie où les deux voyageurs travaillent dans la léproserie de San Pablo. Ernesto, qui n'a pas encore terminé ses études de médecine, prouve ses capacités de thérapeute et tisse de profonds liens d'amitié avec ses malades indiens. Dans une lettre qu'il adresse à sa mère avant de quitter la léproserie, Ernesto raconte leurs adieux : « *L'accordéoniste n'avait plus de doigts à la main droite, il les avait remplacés par des tiges de bambou liées au poignet. Le chanteur était aveugle et presque tous étaient défigurés par la forme nerveuse que la maladie prend dans cette région. Tout cela à la lueur des falots et des lanternes. Un spectacle de film d'horreur qui restera pourtant comme l'un des plus beaux souvenirs de ma vie.* »

Cette fois, c'est à bord d'un radeau de fortune confectionné par les lépreux, le *Mambo-Tango*, que les deux Argentins poursuivent leur chemin : la Colombie où règne un gouvernement de terreur, le Brésil, et enfin au terme de leur périple le 26 juillet 1952, Caracas, la capitale vénézuélienne. Alberto Granado reste un moment sur place. Quant à Ernesto, il doit retourner à Buenos Aires pour finir ses études. Avant son départ, il rencontre un Européen révolutionnaire qui crée chez lui une sorte de révélation qu'il consigne ainsi dans ses notes de voyage : « *Le visage de l'homme disparaissait dans l'ombre, il n'en émergeait, comme des étincelles, que ses yeux et la blancheur des quatre dents de devant. Je ne sais toujours pas si c'est l'atmosphère que dégageait cet individu ou sa personnalité, qui m'ont préparé à recevoir la révélation, mais je sais que ces arguments, je les avais souvent entendus avancer par plusieurs sans qu'ils m'aient jamais impressionné* [...]. *Il laissa tomber la phrase suivante : "L'avenir appartient au peuple qui, pas à pas ou d'un seul coup, va conquérir le pouvoir, ici et partout sur la terre..." J'ai vu ses dents et la grimace espiègle avec laquelle il devançait l'histoire* [...] *je sens déjà mes narines dilatées, savourant l'âcre odeur de la poudre et du sang, de la mort ennemie. Je raidis déjà mon corps, prêt à la bataille, et je prépare mon être comme une enceinte sacrée pour qu'y résonne, avec de nouvelles vibrations et de nouveaux espoirs, le hurlement bestial du prolétariat triomphant.* »

La rencontre l'impressionne, pourtant il n'y fera plus référence, préférant quelques années plus tard mentionner la réalité sociale à laquelle il s'est heurté. « *À cause des conditions dans lesquelles je voyageais, j'étais en contact étroit avec la pauvreté, la faim et la maladie,* écrit-il. *J'ai découvert qu'il était impossible de guérir des enfants malades à cause du manque de moyens et j'ai vu la dégradation due à la sous-nutrition et à la répression constante.* »

Ce périple change Ernesto, il a côtoyé la misère du monde et ses cortèges de malheureux et de déshérités. Sa conviction est faite : il sera le défenseur des mineurs de Chuquicamata, des employés de la United Fruit Company et de tous ceux qui plient sous le joug de l'exploitation capitaliste. La rébellion est devenue sa seconde peau, il fallait qu'il rencontre son destin pour qu'Ernesto se transforme en révolutionnaire.

En 1953, son diplôme de médecin en poche, il reprend la route. À Cuba le 26 juillet de cette même année, la prison de la Moncada est attaquée par un groupe d'étudiants révolutionnaires, conduit par un jeune avocat, un certain Fidel Castro Ruz. Cette attaque qui devait être le point de départ d'une insurrection nationale contre la dictature de Fulgencio Batista échoue. Soixante et un des cent treize étudiants sont tués et les frères Fidel et Raul Castro emprisonnés. C'est à cette époque que Guevara arrive dans un Guatemala présidé par un général progressiste mais timoré, Jacobo Arbenz. Il poursuit la correspondance avec sa mère.

« *Le Guatemala est le seul pays d'Amérique latine vraiment intéressant, même si sa capitale n'est pas plus grande que Bahia Blanca* [petite plage argentine]. » Il y rencontre une Péruvienne, Hilda Gadea, exilée et membre du parti Alliance populaire révolutionnaire. Elle deviendra plus tard sa femme, et aura une grande influence sur Ernesto – elle sera intarissable notamment sur la Révolution russe, Lénine, Trotski et Mao.

À la fin de cette année 1953, Ernesto vit chichement d'un petit boulot de photographe pour une agence de presse mexicaine. C'est justement à

Mexico que ceux qui le côtoient commencent à le surnommer le Che en raison de son accent argentin ponctuant du son « che » le début et la fin de ses phrases. Dans ses rares moments d'oisiveté, il écrit à ses proches et en particulier à son amie d'adolescence Tita Infante : « *Je gagne ma croûte en tirant le portrait de morveux dans les lieux publics et en faisant des reportages sur les "ches"* [Argentins] *qui débarquent ici, pour le compte de l'Agence latine d'informations, cette engeance de Perón !... Quand la fin du mois arrive, je dois jongler et parfois jeûner pour m'en sortir... J'ai eu des moments* [...] *de pessimisme... Quand ça arrive comme une chose transitoire, j'y remédie avec quelques matés et quelques vers... Je n'ai fait que fuir tout ce qui me dérangeait, et aujourd'hui encore,* [...] *je continue tranquillement mes pérégrinations où me portent les événements sans penser à faire la guerre en Argentine. Je t'avoue que c'est ma plus grande source de migraine, parce que je dois lutter entre la chasteté (être ici) et le désir (vagabonder, surtout en Europe) et je vois que je me prostitue en toute impudeur chaque fois que l'occasion se présente.* »

Le président Jacobo Arbenz n'a pas les moyens de son ambition, il fâche les Américains qui répriment militairement son régime et mettent le pays en coupe réglée. Ernesto, déçu, est traqué pour avoir participé à la résistance. Il fuit avec Hilda au Mexique. Il l'épouse. Le 15 février 1955 vers 19 heures naît de leur union une petite fille. Ernesto est très ému lorqu'il consigne dans son journal : « *Elle porte le nom de Hilda Beatriz et elle me procure une double joie. D'abord son arrivée a mis un frein à une situation conjugale désastreuse, et ensuite elle me donne la certitude totale que je pourrai m'en aller malgré tout.* [...] *Un moment j'ai cru que le mélange de ravissement pour la gamine et ma considération pour sa mère (qui est une grande femme sur de nombreux points et qui m'aime de façon presque maladive) pourrait me transformer en un père de famille ennuyeux... Maintenant je sais qu'il n'en sera rien et que je continuerai ma vie de bohème, jusqu'à je ne sais quand, pour échouer ma carcasse de pécheur en Argentine, où je dois remplir mon devoir, abandonner ma cape de chevalier errant et prendre n'importe quel engin de combat. Je ne peux pas parler de la petite, c'est un morceau de chair violacée qui tète toutes les quatre heures avec la ponctualité d'une Oméga et rend le reste de ce qu'elle tète avec un peu moins de régularité...* » Et quelques mois plus tard dans une lettre à sa mère : « *Hildita, c'est Mao Tsé-toung tout craché, elle est moins bien élevée que la majorité des enfants et elle mange comme moi je mangeais d'après ce que racontait ma grand-mère, autrement dit elle tète sans respirer jusqu'à ce que le lait lui sorte par les narines...* » Hilda mourra au début de 1970, sa fille Hildita le 21 août 1995, à La Havane, au même âge que son père, à 39 ans.

Le 9 juillet 1955, vers 22 heures, au domicile d'une certaine María Antonia Sanchez Gonzalez, une Cubaine mariée à un Mexicain, au 49 de la rue Emparan, Fidel Castro Ruz rencontre pour la première fois le jeune Guevara. Ce dernier arbore ses vingt-sept ans du haut de son mètre soixante-treize et toise avec respect l'instigateur de l'assaut de la Moncada, un homme bien bâti avec de larges épaules, une fine moustache et d'épaisses lunettes qui soulignent deux petits yeux ronds et pleins de malice. Castro porte ce soir-là, comme souvent à cette époque, une chemise blanche et légère à manches courtes. La discussion se prolonge tard dans la nuit et tourne autour des difficultés sociales auxquelles sont confrontées les populations d'Amérique latine et en particulier Cuba, et de l'évidente nécessité d'abattre l'impérialisme sous toutes ses formes. Ernesto Guevara se montre bavard et remarquablement renseigné, ce qui n'est pas pour déplaire à Castro. La fougue et l'enthousiasme mais aussi la lucidité de ce jeune médecin argentin séduisent le leader du mouvement du 26 juillet. Une sympathie s'installe entre les deux hommes, ils se revoient souvent et régulièrement en compagnie notamment de Raul Castro et de Raul Roa Kouri – celui-ci deviendra plus tard ambassadeur, entre autres à Prague et à Paris –, mais aussi de Nico Lopez, le premier à avoir connu Guevara au Guatemala. Le cercle se reforme souvent pour débattre de thèmes révolutionnaires mais également pour jouer aux échecs ou parler littérature. Ernesto poursuit des discussions politiques passionnées avec Hilda. « *Nico Lopez avait raison,* lui dit-il, *quand il nous expliquait au Guatemala que, s'il y a eu quelque chose de bien à Cuba depuis Martí, c'est Fidel Castro... C'est lui qui fera la révolution.* » Et dans son journal, il mentionne : « *C'est un événement politique d'avoir fait la connaissance de Fidel Castro, le révolutionnaire cubain, homme jeune, intelligent, sûr de lui et d'une audace extraordinaire ; je crois que nous avons sympathisé mutuellement...* » Rapidement Fidel est convaincu qu'il a trouvé, en la personne d'Ernesto, le médecin qu'il lui faut pour l'accompagner, lui et son groupe, dans son combat contre les troupes du dictateur Fulgencio Batista. Fidel lui propose donc de se joindre à son commando et l'informe de son projet de débarquer prochainement à Cuba en Oriente, sur un yacht qu'il vient d'acheter : le *Granma.*

« *Je l'ai connu au Mexique en 1954,* précise Raul Roa Kouri, *il revenait du Guatemala après le coup de force ourdi par la CIA contre le gouvernement constitutionnel de Jacobo Arbenz. À cette époque Che possédait déjà une formation politique d'avant-garde. Il avait des convictions claires, en particulier sur la racine de nos maux, l'exploitation impérialiste et la domination d'une bourgeoisie proche des étrangers et dépendante, appuyée sur des armées nationales qui étaient en fait "d'occupation" ; de la même manière, il était convaincu de la nécessité de tout transformer par de vraies révolutions. Il s'en est convaincu à la suite de la défaite au Guatemala qu'il avait voulu défendre les armes à la main et, plus tard, grâce à la connaissance que lui a apportée Nico Lopez des idées de Fidel et de ses compagnons. Ceux-ci proposèrent de réaliser la Révolution, prévue par le jeune Argentin au cours de ses pérégrinations à travers notre Amérique. On peut dire aussi que, pour l'essentiel, sa pensée était marxiste lorsque nous nous sommes connus. Il admirait la Révolution d'Octobre et connaissait très bien le léninisme. Mais sa réflexion était aussi profondément latino-américaine : Martí et Bolivar, San Martín, Sucre et O'Higgins, Hidalgo et Juárez, Sandino et Mella figuraient singulièrement parmi les fondateurs de sa vision du continent. Dans les années décisives de 1955 et 1956, ce fut Fidel qui le marqua le plus... Les ingrédients familiaux, sociaux, historiques et culturels, de la personnalité d'Ernesto Guevara ont transformé le révolutionnaire : volonté de fer (qu'il cultivait avec une délectation d'artiste) proche de la témérité, modestie non feinte, pensée forte mais libre de préjugés, conduite ascétique, jugement sévère et même caustique, humour ironique, un style plein de poésie, un regard pénétrant et clair, d'acier. Exigeant avec lui-même et avec tous. Juste mais inflexible sur le devoir à accomplir...* »

Sans hésiter, Ernesto, sentant qu'il tient cette fois l'occasion attendue depuis longtemps de prendre les armes, accepte la proposition à une condition toutefois : recouvrer sa liberté après l'éventuelle réussite de l'opération et la libération du peuple cubain. Hilda lui apporte son soutien. C'est en médecin qu'il participera à l'aventure avec, dès le début, la ferme intention de se battre. « *Guevara s'enrôle donc,* confirme François Maspéro, *et désormais il est Che.* ». Dans la droite ligne d'un Bolivar ou d'un José Martí, Ernesto s'engage dans la lutte avec Castro pour libérer Cuba mais dans le but d'en faire le premier maillon d'une chaîne libératrice de tout le continent latino-américain. D'autant qu'à la même époque de ce début d'été 1955, l'Argentine est en proie à une forte agitation : une tentative de coup d'État militaire a failli renverser Perón et mettre le pays dans l'orbite nord-américaine ce qui préoccupe sérieusement Guevara. Juan Perón est finalement destitué en septembre de la même année. Ernesto adresse alors une lettre à sa mère : « *La chute de Perón me touche beaucoup. Pas pour lui mais pour ce qu'il représentait aux yeux de toute l'Amérique. Avec lui l'Argentine tenait, pour nous qui situions l'ennemi au Nord, le rôle de paladin de nos pensées. Le parti communiste disparaîtra avec le temps, il faudra songer à lutter véritablement.* » Le « justicialisme » péroniste avait donc vécu. Malgré sa déception, Guevara ne veut songer qu'à sa prochaine opération cubaine. Il s'entraîne comme un forcené avec ses compagnons guérilleros que Fidel Castro a décidé de conduire dans un premier temps dans l'épaisse forêt de la Sierra Maestra à l'est de Cuba où ils pourront mener des actions de commando.

En février 1956, le groupe intensifie les préparatifs. Tous s'entraînent au tir dans une vieille ferme de la banlieue de Mexico sous la férule d'un général d'aviation à la retraite Alberto Bayo. Un vieux baroudeur borgne, un ancien de la Légion étrangère espagnole. Il a soixante-cinq ans et transmet son enthousiasme aux jeunes rebelles. Dans ces moments, Ernesto est confiant et il relate dans son journal : « *J'ai pour la première fois l'impression que nous avons une chance de succès. Ce que j'avais jusque-là considéré comme fort douteux quand je m'étais laissé enrôler par le commandant des rebelles* [...]. »

Corrompue par des agents de Batista, la police mexicaine traque les activistes cubains et arrête, le 20 juin 1956, Fidel Castro en compagnie de deux rebelles – Universo Sanchez et Ramiro Valdés – au moment où ceux-ci inspectaient une planque. Castro sort son revolver en faisant face mais se voyant encerclé, renonce à s'en servir. Le lendemain Juan Almeida Bosque et María Antonia sont à leur tour arrêtés. Quatre jours plus tard, c'est au domicile des Guevara que se rend la police mexicaine. Hilda est capturée pour activités subversives et conduite à la direction de la sécurité fédérale mexicaine. Là, elle retrouve Fidel qui obtient d'accompagner les fédéraux dans l'arrestation des activistes afin d'éviter un bain de sang. Arrivé devant le centre d'entraînement des Cubains, Fidel demande aux rebelles de ne pas résister. Le Che, posté en sentinelle sur un arbre, a un moment la tentation de s'enfuir mais les militaires le capturent aussitôt. Tous sont regroupés à la prison Miguel Schultz au centre de Mexico. Mais les motifs de l'arrestation sont trop vagues pour les maintenir longtemps en détention.

Le groupe de rebelles se réunissait régulièrement chez María Antonia pour parler politique, mais aussi pour préparer leur future expédition. (Fidel, debout, 7e en partant de la gauche ; Che, assis, 1er en partant de la gauche).

« C'EST UN ÉVÉNEMENT POLITIQUE D'AVOIR FAIT LA CONNAISSANCE DE FIDEL CASTRO, LE RÉVOLUTIONNAIRE CUBAIN [...] JE CROIS QUE NOUS AVONS SYMPATHISÉ MUTUELLEMENT... »

Lettre d'Ernesto à sa femme Hilda Gadea.

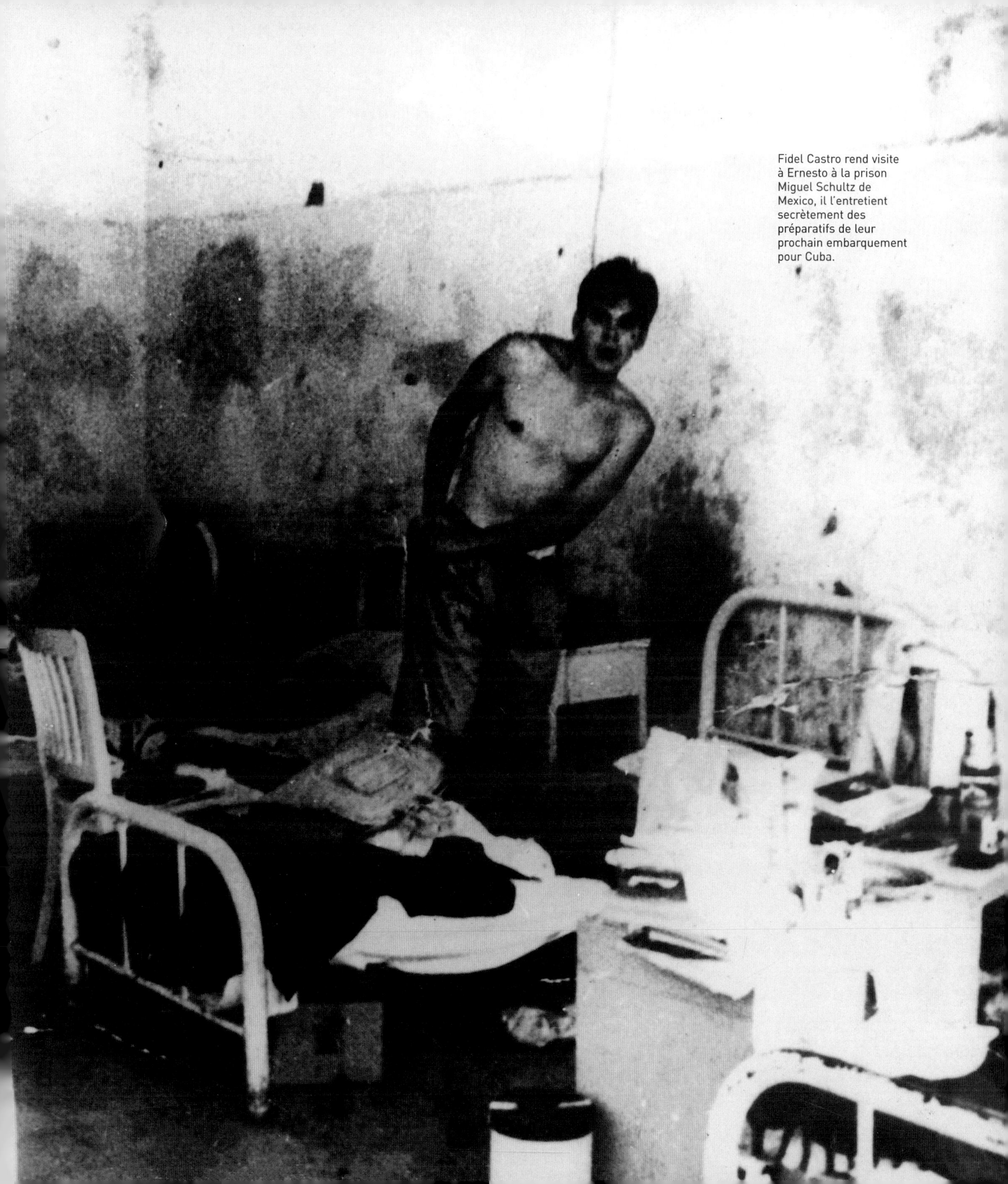

Fidel Castro rend visite
à Ernesto à la prison
Miguel Schultz de
Mexico, il l'entretient
secrètement des
préparatifs de leur
prochain embarquement
pour Cuba.

« SON ARRIVÉE A MIS UN FREIN À UNE SITUATION CONJUGALE DÉSASTREUSE ET ELLE ME DONNE LA CERTITUDE TOTALE QUE JE POURRAI M'EN ALLER MALGRÉ TOUT... »

Journal, extrait 15/02/1955

Che avec Hilda Gadea, sa première épouse, et leur fille Hildita.

ERNESTO GUEVARA, CITOYEN CUBAIN

Après leur sortie de prison, les Cubains n'ont plus de temps à perdre. La Havane est informée de leurs préparatifs de débarquement. Un matin de brouillard, le 2 décembre 1956, quatre-vingt-deux hommes armés descendent d'un vieux treize-mètres, dans une tempête épouvantable qui a obligé l'embarcation à accoster ailleurs que prévu dans une mangrove impénétrable. Franck Païs, homme de liaison de la guérilla, et quelques paysans venus aider au débarquement ne peuvent que constater la catastrophe, le *Granma* s'échoue dans les marécages de Belic. Très vite, la petite troupe est repérée alors qu'elle avance vers les contreforts de la Sierra Maestra où elle tente de se réfugier. L'armée régulière fait feu et abat trois hommes. Une vingtaine d'autres sont capturés et éliminés quelques jours plus tard. Ernesto Guevara, Fidel et Raul Castro ont réussi à s'échapper avec une vingtaine d'autres compagnons. Ernesto fait partie d'un groupe de huit conduit par Juan Almeida Bosque. La traque est longue et pénible, mais finalement les guérilleros finissent par se retrouver dans la forêt dense de la Sierra. Il faut panser les plaies et tenter de survivre dans un milieu hostile où même les paysans sont des ennemis et des délateurs potentiels. Ernesto apprivoise lentement ces paysans. Il prodigue des soins aux malades, aide des mères à accoucher, crée une école pour les villageois de la Sierra mais également pour ses camarades souvent analphabètes auxquels il fait prendre conscience de l'importance de l'entreprise et de l'obligation de se comporter comme la pointe d'une armée de libération.

Dans la capitale cubaine, la traque des rebelles au moment de leur arrivée fait croire que la guérilla a été écrasée dans l'œuf et son chef mort. Mais l'article d'un journaliste américain du *New York Times* vient démentir les rumeurs au moment où les soldats de Batista, persuadés qu'ils dominent le terrain, retirent des troupes de la Sierra Maestra. Soulagés, les fidélistes s'organisent, et avec l'aide nouvelle des populations villageoises et des paysans, ils lancent des offensives limitées contre l'armée de Batista forte de quarante mille hommes.

Les escarmouches se multiplient et les rebelles remportent quelques victoires qui les rassurent. Che devient un vrai combattant, ses actes de bravoure ne se comptent plus, comme s'il lançait un défi à la mort. Il fait l'admiration de ses camarades et de Fidel qui l'admet dans l'état-major de la guérilla. Il est désormais intégré à la direction du mouvement. La légende de ce médecin argentin intrépide court à travers tout le pays. Avec Fidel Castro, il devient le symbole de la lutte du bien contre le mal.

Pourtant l'homme est dur, exigeant envers lui-même et envers les autres, autoritaire et inflexible. Il n'hésite pas à exécuter déserteurs ou délateurs. Il tue de sa main le mercenaire Eutimio Guerra, un paysan payé par Batista pour assassiner Fidel Castro. Cette exécution vaudra à l'Argentin de la part des troupes révolutionnaires un respect qui ne fera que croître avec le temps. Malgré un tempérament impulsif, Che apprend à se dominer et à devenir un chef de guerre écouté et respecté. L'asthme le torture, mais grâce à une volonté de fer, il montre l'exemple même dans les jours les plus sombres où la victoire semble leur échapper. Il est missionné par Castro pour fédérer tous les mouvements rebelles qui existent dans l'île : le Parti socialiste populaire, la Fédération des étudiants, le Second Front de l'Escambray, le Directorio 13 et deux autres formations qui s'opposent à la dictature. Son intelligence, ses dons de négociateur ainsi que sa finesse d'analyse convainquent tous ces partis de se fédérer à la guérilla. C'est le tournant de la lutte révolutionnaire, la guérilla n'est plus isolée, elle possède dorénavant des relais dans tout le pays.

En juillet 1957, en hommage à Franck Païs qui vient d'être assassiné, les barbudos signent les uns après les autres une lettre de condoléances. Lorsque arrive le tour du Che, Fidel avec un clin d'œil appuyé lui dit : « *Comme grade mets commandant...* » Che est donc promu au grade de commandant par Castro avant son propre frère Raul. Célia Sanchez – égérie de la révolution et, selon la légende, maîtresse de Castro – lui remet alors l'étoile dorée de José Martí, qu'il agrafe aussitôt sur son béret.

Che a en charge la guérilla dans l'Ouest, Fidel et Raul s'occupant de l'Est du pays. Ernesto dort peu, quelques heures par nuit, mais lit énormément et élabore des stratégies qui peuvent l'amener aux portes de La Havane. Il forme des gradés solides, déjà convaincu qu'après Cuba d'autres guerres de libération l'entraîneront sur d'autres terrains d'action. « *La guérilla n'est pas ce que l'on pense : une guerre en minuscule, des groupuscules qui affrontent une armée puissante. Non, la guérilla est la guerre du peuple entier contre l'oppresseur. Le peuple est la base et la substance même de la guérilla* », explique-t-il dans son livre *La Guerre de guérilla*. Il en est persuadé au point de mettre sur pied une radio de propagande : Radio Rebelde. La Révolution a désormais une voix.

Pourtant Che reste méfiant à l'égard de ceux du *llano* (la plaine, en contraste avec la Sierra, la montagne, siège du mouvement armé) qui doivent répandre l'idée révolutionnaire dans les villes et qu'il considère, parfois à tort, comme indisciplinés. Il n'hésite pas à écrire à Ramos Latour, un des leaders du *llano*, pour lui donner un point de vue étonnant sur Castro : « *J'ai toujours considéré Fidel comme un véritable leader de la bourgeoisie de gauche, mais sa figure est rehaussée par des qualités personnelles extraordinairement brillantes qui le placent bien au-dessus de sa classe. C'est avec cet état d'esprit que j'ai engagé le combat : en toute honnêteté, sans espoir d'aller au-delà de la libération du pays, disposé à partir lorsque les conditions postérieures de la lutte l'orienteront vers la droite (vers ce que vous représentez)...* »

Mais pour l'heure, les enrôlements dépassent l'espérance du Che. Même des femmes viennent participer au mouvement révolutionnaire. Elles sont des combattantes au même rang que les hommes. Le Che, rapporte Paco Ignacio Taibo II, rencontre d'ailleurs à cette époque une jeune paysanne, fille d'un maréchal-ferrant du petit village de Las Vegas de Jibacoa, et lui qui n'accorde qu'une importance secondaire à l'amour durant toute la guérilla, s'intéresse à cette jeune mulâtre de dix-huit ans, mère d'une petite fille. Elle s'appelle Zoila Rodriguez et n'a pas oublié cette aventure... « *Il devait être 4 heures de l'après-midi. J'étais en train de rentrer du bétail quand il est arrivé. Il montait une mule et un autre camarade était à cheval. Il était habillé d'un vert bizarre avec un béret noir. Après avoir salué, il m'a demandé si c'était là que vivait El Cabo* [le surnom du père] *car le Che voulait qu'il ferre sa mule. Je lui ai expliqué que je pouvais le faire. Pendant que je ferrais la mule, je l'ai regardé de côté et je me suis rendu compte qu'il m'observait, de la même façon que les jeunes gens regardent les jeunes filles, et ça m'a rendue très nerveuse.* [...]

Quand l'opération fut terminée, je lui ai offert du café et il m'a dit qu'il le buvait amer et je le lui ai servi ainsi. Il s'intéressait à moi, il voulait savoir ce que je faisais, où j'avais appris à ferrer des mules, si j'étais mariée ou célibataire ; je lui ai dit que j'étais célibataire mais que j'avais une fille. Quand il est parti, il a dit : "Dites au Cabo que Guevara est venu ici..." Je garde de lui l'image d'un homme drôle et magnifiquement beau : il m'a fait forte impression, je ne peux pas dire le contraire. En tant que femme, il m'a beaucoup plu, surtout le regard, il avait de si beaux yeux, un sourire tranquille qui aurait touché n'importe quel cœur. Lorsque j'ai annoncé la nouvelle à mon père, il m'a dit que le Che était un homme extraordinaire, venu pour nous débarrasser des malheurs, de la faim, de la crasse et de la misère. » Zoila et Che auront une liaison pendant quelques mois. Che ne reçoit que de très rares nouvelles de Hilda, il semble avoir renoncé à elle. Seule sa petite fille Hildita reste au cœur de ses pensées et des quelques lettres qu'il adresse au Mexique : « *Je me désèspère de ne pas voir ma fille grandir...* »

Cette année 1958 est fertile en événements : la Révolution s'est renforcée et menace directement le pouvoir en place. Celui-ci décide d'éradiquer le mouvement qui a de plus en plus d'échos et de sympathie dans la population. Batista arme dix mille hommes de mortiers et de tanks, fait appareiller son aviation et sa marine vers la Sierra Maestra. Les barbudos devront se battre à un contre dix. Très vite, grâce aux aides locales et à leur parfaite connaissance du terrain, les guérilleros volent de victoire en victoire. Fin août, l'armée régulière est mise en déroute. Che prend la tête de la huitième colonne Ciro Redondo, Camilio Cienfuegos, son ami, celle de la deuxième colonne. Objectif : Santa Clara et La Havane. L'aviation de Batista leur inflige des pertes sévères mais leur suprématie dans les assauts terrestres est indéniable.

La promesse d'une réforme agraire sitôt la victoire fait affluer vers les révolutionnaires des milliers de volontaires paysans jusqu'alors sceptiques quant à une possibilité de vaincre la dictature en place... Tout en marchant vers La Havane, Che tente de coordonner les différentes factions politiques antigouvernementales afin de ne pas perdre de temps après la victoire, qui lui semble de jour en jour plus proche. Dernier nœud de forte résistance : Santa Clara, verrou de La Havane où Batista lance ses dernières forces dans une bataille désespérée mais qu'il souhaite décisive pour bloquer les révolutionnaires. En quatre jours, les quatre cents barbudos, aidés de la population villageoise, s'emparent de Santa Clara. L'armée de Batista est en déconfiture, nombreux sont les légalistes qui passent dans les rangs des rebelles.

Le dernier rempart avant La Havane et le triomphe final vient de tomber et Che en est le principal artisan. Rien ne s'oppose désormais à la jonction des huitième et deuxième colonnes de Guevara et du compagnon Camilio Cienfuegos. Après une longue accolade, celui-ci remet au Che les clés de la *cabaña*, un fort militaire qui garde l'entrée du port de la ville. Nous sommes le 3 janvier 1959. Che a conquis La Havane, mais attend Fidel, vainqueur à Santiago, pour entrer triomphalement dans la capitale cubaine. Le Parti communiste cubain, jusque-là réticent, se rallie. Un premier gouvernement « démocratique » et modéré est installé mais ne dure que quelques semaines.

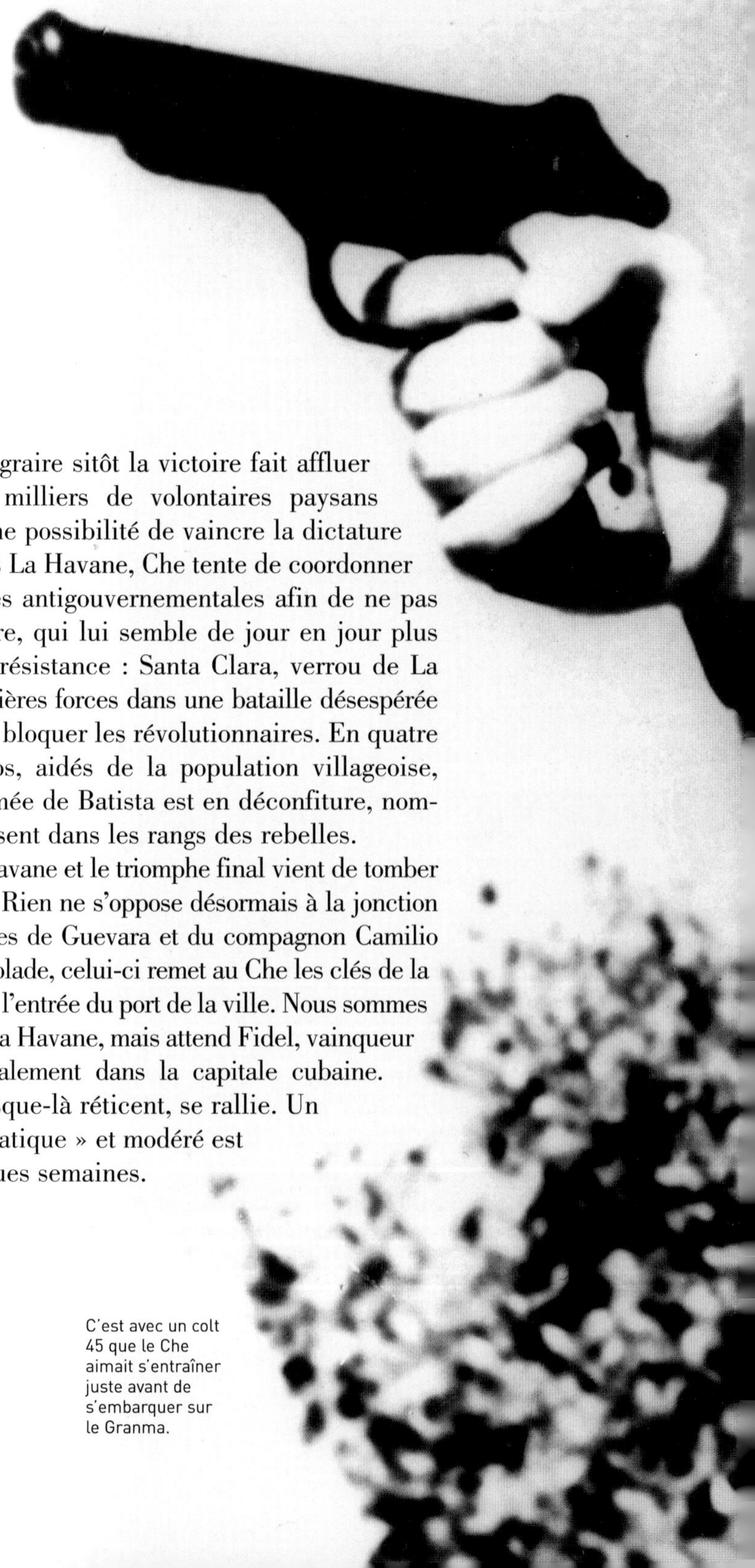

C'est avec un colt 45 que le Che aimait s'entraîner juste avant de s'embarquer sur le Granma.

Guidés par Fidel Castro-Ruz, les guérilléros avaient fait de la Sierra Maestra leur quartier général. (Che, 2e en partant de la gauche. Fidel, 5e en partant de la gauche)

Le cigare aux lèvres permettait au Che de couper la faim qui le tenaillait souvent dans le maquis de la Sierra Maestra mais aussi d'éloigner les moustiques.

Les premiers jours du triomphe du Che, comme une véritable star, la population cubaine voulait connaître cet argentin venu combattre pour les libérer de la dictature de Batista.

Avec ses hommes de la colonne 8 - Ciro Redondo Che vient d'entrer à Fomento. La légende du guerrier héroïque commence à cette époque.

« … LA GUÉRILLA EST LA GUERRE DU PEUPLE ENTIER CONTRE L'OPPRESSEUR… »

Che doit sa popularité à la façon dont il s'adresse à ses compagnons d'arme, proche d'eux mais ferme.

Avec Radio Rebelde créée par le Che, la révolution avait sa voix.

Che a trente ans, il a accompli avec Fidel une mission impossible, il devient un symbole, un exemple, une véritable figure de proue. Mais une autre partie reste à jouer : mettre en place et faire accepter un nouveau pouvoir et une nouvelle façon de gouverner. Le peuple semble prêt, la liesse est à son comble, même si des scènes de pillage et de meurtres viennent assombrir la fête. À cette époque, le sénateur Salvador Allende rencontre le Che : « *Dans une grande salle remplie de livres qui servait de chambre, il y avait un homme allongé sur un lit de camp, torse nu en pantalon vert olive, il avait un regard pénétrant. Son inhalateur à la main, il me fit le geste d'attendre un instant que sa crise d'asthme se calme. Pendant dix ou quinze minutes, j'ai pu le regarder et voir l'éclat déchirant de son regard inquiet.* »

Ce 7 février 1959, Che porte un képi à la place de son traditionnel béret. Il paraît tendu, inquiet en ces premiers jours de triomphe de la Révolution où il dirige une série d'exécutions, se charge de faire respecter l'ordre, supervise même de nombreuses condamnations à mort au sein des tribunaux révolutionnaires et crée le premier camp de détention cubain. Le matin même, grâce à un décret publié au *Journal officiel de la Révolution*, il est proclamé citoyen cubain pour avoir servi la révolution sur le sol cubain bien qu'il soit de nationalité argentine. Ce geste fort de Fidel le laisse sur le moment indifférent, occupé qu'il est à se sortir d'une nouvelle crise d'asthme à l'instant même où il rédige un discours radical sur la nécessité de la réforme agraire.

Il met également sur pied un organe de presse pour l'armée, *Verde Olive*, dans lequel il publie de nombreux articles, il rencontre des intellectuels – comme notamment Jean-Paul Sartre et Simone de Beauvoir – et pousse Jorge Ricardo Masetti, son ami et compagnon argentin, à fonder l'agence Prensa Latina. Mais les changements se précipitent, Fidel devient

Premier ministre, le Che le suit : nationalisations des services publics et des biens nord-américains... Observateurs jusque-là, les Américains commencent à trouver les nouvelles mesures insupportables et réagissent en tapant du poing, mais Castro ne désire pas rompre les liens avec les États-Unis. La mésentente s'accentue malgré tout. Che travaille à la consolidation du nouveau régime.

Le 22 mai 1959, il divorce de Hilda Gadea avec son consentement. Celle-ci accepte de faire le voyage de Mexico à La Havane pour lui amener sa fille Hildita et partager avec Che la suite de son aventure cubaine. Elle vit dans une maison, seule avec sa fille. Che leur rend souvent visite. Hilda savait depuis plusieurs mois que le divorce était inéluctable. Dans son livre *Años decisivos*, elle l'évoque avec nostalgie : « *Ernesto m'avait avoué qu'il avait rencontré une autre femme à Santa Clara et malgré ma douleur j'ai accepté de divorcer... Mais je fus très émue lorsqu'en découvrant mon chagrin il me dit : "J'aurais mieux fait de mourir au combat..."* » Che divorce donc pour épouser une jeune combattante révolutionnaire rencontrée durant les combats de la Sierra, Aleida March, une institutrice blonde et jolie qui sera sa secrétaire avant de devenir sa seconde épouse. Toutefois, pas plus que pour Hilda, il n'aura de coup de foudre pour Aleida. L'important pour lui, c'est qu'elle soit « une compagne de vie ». Ils auront quatre enfants. « *Je ne serais pas un homme,* dira-t-il plus tard à un journaliste, *si je n'aimais pas les femmes. Mais je ne serais pas un révolutionnaire si, par amour des femmes, je cessais d'accomplir un seul de mes devoirs, ainsi que mes devoirs conjugaux.* » En fait, contrairement à ce que l'on attendrait d'un homme froid et désintéressé par la gent féminine, le Che ne dédaignera pas à l'occasion que l'on aille chercher l'une des maîtresses – dont une jolie mulâtresse – qu'il avait connues à La Havane, pour quelques moments de détente.

Mais dès juin 1959, il repart comme ambassadeur itinérant afin de tisser des liens économiques avec des pays comme l'Égypte où il rencontre Nasser, l'Inde de Nehru, l'Indonésie, ou la Yougoslavie de Tito dont l'aura et le parcours l'impressionnent. Au cours de cette étape, il découvre l'usage du travail volontaire qu'il imposera à Cuba. Ce périple lui apprend que la diplomatie est une façon de mentir avec sourire et courtoisie : il voulait acheter des armes et nouer des relations commerciales, le bilan est maigre à son retour à La Havane malgré de beaux discours.

Le 9 janvier 1959 un avion atterrit à La Havane en provenance de Buenos Aires. À son bord, la famille Guevara au complet : la mère Célia, le père Ernesto, les deux sœurs et Juan Martín, le petit frère âgé de quatorze ans. Che n'a été averti de leur arrivée que quelques minutes avant l'atterrissage... Son ami Camilio Cienfuegos voulait lui faire plaisir en invitant ses parents qu'il n'avait pas vus depuis des années. Ernesto père baise le sol cubain, tandis que Che tombe en larmes dans les bras de sa mère.

« *Les jours que nous avons passés à Cuba furent inoubliables,* se souvient son père Ernesto Guevara-Lynch. *Un jour, Ernesto vint nous rendre visite à notre hôtel. J'ai profité de l'occasion pour m'entretenir seul avec lui. Il avait beaucoup changé.* [...] *Il était maigre et brûlé par le soleil. Il parlait lentement mais ses yeux étaient ceux que je connaissais, aiguisés et moqueurs. Avant, il parlait avec précipitation, ses idées se bousculaient, il n'avait même pas le temps de toutes les exprimer.* [...] *Là, il était face à moi, avec assurance, réfléchissant avant de répondre* [...]. *Je lui ai demandé ce qu'il comptait faire de son diplôme de médecin. Il me regarda de travers, pensif, et après un moment, en souriant, il me dit : "De mon diplôme de médecin ? Écoute, papa, comme tu t'appelles Ernesto Guevara comme moi, tu peux mettre sur ton bureau une enseigne avec comme inscription Médecin, et ainsi, commencer à tuer des gens en toute légalité..." Il riait de sa propre blague. J'insistai et il me répondit sérieusement : "Ça fait longtemps que j'ai laissé tomber la médecine. Je suis aujourd'hui un combattant qui travaille pour aider le gouvernement. Que vais-je devenir ? Je ne sais même pas sur quelle terre je laisserai mes os..." Sur le moment, je n'ai pas compris ce qu'il avait voulu me dire, mais je n'oublierai jamais cette phrase, car elle contenait l'énigme que tant de gens voulurent déchiffrer au moment de sa disparition de Cuba et de sa réapparition comme combattant sur des terres lointaines... Il avait foi dans le triomphe de ses idées jusqu'au mysticisme. »*

Dès son retour, il s'attaque à la réforme agraire : démantèlement des latifundia et créations de fermes d'État. Les plantations de sucre et de tabac sont nationalisées. Les Américains protestent vigoureusement et réduisent leurs quotas d'importation de sucre. Moscou prend le relais grâce à un contrat que lui fait signer Raul Castro. Dans le même temps, Che s'installe dans ses nouvelles fonctions de directeur de la Banque nationale – alors qu'il ne connaît rien aux métiers de l'argent – et surveille d'un œil méfiant la situation qui bascule en faveur des soviétiques. Une anecdote célèbre à Cuba rapporte que, lorsque Fidel Castro demanda lors d'une réunion de la direction révolutionnaire s'il y avait dans l'assistance un volontaire pour prendre la direction de la banque, s'il y avait un économiste, Che à moitié somnolent comprit... « un communiste » et leva aussitôt la main...

« Tout le monde pensait qu'il étudiait les mathématiques pour mieux comprendre la finance et l'économie, souligne Salvador Villaseca, ancien professeur de mathématiques, remplaçant du Che à la direction de la Banque nationale de Cuba. *En fait il le faisait surtout pour structurer sa pensée. C'était un homme logique, il éprouvait tant d'intérêt pour l'étude de*

cette science qu'évidemment il se lamentait parfois de ne pas avoir épousé cette voie... Pendant cinq ans sans interruption, je l'ai aidé à étudier les maths... Dans le même temps, au début, nous avons essayé de trouver des formules pour transformer le fonctionnement d'une banque capitaliste en celui d'une banque socialiste. Nous avons travaillé sur la base d'une gestion qui ne s'appuyait pas exclusivement sur l'intérêt mais sur une bourse du gouvernement qui déciderait comment et à qui il fallait prêter des fonds pour pousser le développement des branches les plus pauvres de l'économie. »

Le premier contrat que les Soviétiques signent avec Cuba stipule que le naphte russe doit être raffiné dans l'île pour le compte de l'URSS. Les Américains, propriétaires des raffineries de pétrole, refusent. Castro les nationalise le 6 août 1960, ainsi que les banques et tous les derniers biens nord-américains. Fidel, qui refuse de se dire communiste, penche pourtant sérieusement vers l'Est et engage un bras de fer. Che, à ce moment, est d'accord sur les grandes lignes, et lance d'ailleurs au premier Congrès de la jeunesse latino-américaine le fameux « *Cuba si ! Yankees no !* ».

Les États-Unis décrètent un blocus contre Cuba, la rupture est consommée. « *J'avais obtenu un rendez-vous avec le Che le 15 août 1960 à... 2 heures du matin,* se souvient l'agronome et écologiste René Dumont. *Je réussis à le faire avancer à minuit. Le Che tenait les rênes de l'industrie et j'insistai auprès de lui sur l'importance de l'agriculture et des industries liées à celle-ci, soit pour fournir l'outillage soit pour valoriser sa production. Il me répondit que ce qui lui paraissait de loin le plus important était la formation du travailleur pour en faire un vrai révolutionnaire, qu'il appelait "El Hombre nuevo", l'homme nouveau totalement dévoué à la Révolution, au point qu'il n'attache plus d'importance à sa rémunération. Je n'en étais pas convaincu. Depuis le Che m'est toujours apparu comme un idéaliste se consacrant entièrement au triomphe des idées révolutionnaires. Très différent de Fidel Castro qui lui s'est toujours cru un surhomme, capable de résoudre tous les problèmes posés par cette Révolution. Il s'estimait le mieux placé pour proposer des solutions, même dans des domaines qu'il ne connaissait guère, comme l'agriculture...* »

Ernesto Che Guevara pour l'heure se dit marxiste, mais dans une conception originale qui ne ressemble pas à celle des Soviétiques. Che met l'homme au centre de ses préoccupations alors que le marxisme sous l'œil de Moscou est la soumission de l'homme à une société sans classes. Ce sont ses nombreuses lectures, ses discussions avec Hilda, sa première femme, et toute la misère qu'il a rencontrée qui l'ont amené à ces convictions ; mais il ne sera jamais « un agent communiste international », comme l'accusent avec insistance les Américains.

« *Son marxisme est celui d'un lecteur autodidacte,* confirme François Maspéro, *et il ne cessera de le modifier, de l'enrichir au cours de ses lectures et expériences. Il finira par l'opposer avec fracas et jusqu'à la rupture, non seulement aux auteurs de manuels de marxisme-léninisme, mais au dogme en vigueur dans les pays communistes. C'est vers cette tentative de repenser, "sur le tas", un communisme pour lequel le moteur de l'Histoire serait moins la lutte des classes que l'homme lui-même, que se tourne le Che. Car c'est sur la volonté de mettre cette pensée en pratique que se jouera son destin.* »

Un destin qui prend toute sa dimension le 3 janvier 1961, avec l'interruption des relations diplomatiques, décidée par le Président Eisenhower dans un contexte très tendu. Les Cubains s'attendent, dès lors, à un coup de force et s'y préparent activement. Che prend le commandement de la région de Pinar del Río à l'ouest de l'île, face à la

Floride, où un débarquement peut avoir lieu d'un jour à l'autre. Fidel dirige les milices du centre du pays, Raul la partie orientale. Le 4 mars, *Le Coubre*, un bateau battant pavillon français et portant à son bord des armes pour Cuba, explose en rade de La Havane. Une centaine de morts est dégagée des décombres. Le 15 avril, deux B-26 américains pilotés par des Cubains antirévolutionnaires bombardent La Havane et Santiago. Deux jours plus tard, mille cinq cents exilés cubains prennent pied sur la grève de Playa Giron. L'opération de la baie des Cochons vient de commencer avec pour objectif d'écraser la Révolution et de reprendre le pays. Mais les envoyés du nouveau Président américain John F. Kennedy s'enlisent dans les marais comme l'avait prévu Castro. La débâcle est totale, c'est un échec cinglant pour la politique des États-Unis, Fidel Castro triomphe et renforce son pouvoir. Che Guevara n'a quasiment pas participé à l'opération. Cantonné à Pinar del Río, il s'est légèrement blessé à la joue en maniant une arme.

Très vite, Cuba est mis au ban des nations par les États-Unis. Isolée du continent américain, l'île se met de plus en plus entre les mains des soviétiques. Sur ces entrefaites survient la crise des missiles : deux avions U2 repèrent des fusées sur le sol cubain. La crise est à deux doigts de déboucher sur une Troisième Guerre mondiale, mais Khrouchtchev recule sans demander leur avis aux Cubains : Fidel et Che sont furieux. Ce dernier, considérera dès lors les dirigeants de Moscou avec une profonde méfiance.

« *En octobre 1962, mon journal l'Unita m'envoya à Cuba comme correspondant,* explique Severino Tutino, ancien journaliste communiste. *La crise des fusées battait son plein. Dès mon arrivée à La Havane, je tentai d'entrer en contact avec le Che. Célia de la Serna, sa mère, développait un penchant maoïste que j'attribuai à l'influence de son fils. J'en profitai pour lui demander d'intercéder auprès de lui afin que j'obtienne une interview. Mais le Che opposa un refus net à l'idée de parler avec un journaliste italien, représentant d'un parti qui était le plus pacifiste du communisme occidental. Ce n'est que par hasard que je pus le rencontrer au cours d'une cérémonie publique place de la Révolution. Il s'arrêta un instant, me serra la main et passa son chemin. Je ne lui en ai pas voulu pour cette attitude qui semblait trahir une sorte de mépris à l'égard de ceux qui parlaient mais qui n'agissaient pas. »*

Coincé entre les membres d'un Parti socialiste populaire qui le détestent pour son activisme et ses relations privilégiées avec Fidel, et un milieu d'intellectuels qui ne supportent pas son arrogance et parfois sa mauvaise humeur, Che est de plus en plus isolé sur la scène cubaine. Même la presse ne se fait presque plus l'écho de ses expériences au ministère de l'Industrie, de ses discours sur la nécessité du travail volontaire ou de ses voyages réguliers en province pour rencontrer « les Cubains qui transpirent pour la nation ». Pourtant, infatigable travailleur, il trouve le temps de rédiger des articles dans la revue de son ministère, articles souvent en marge du politiquement correct en vigueur à La Havane et toujours très polémiques sur la façon, par exemple, de transformer la société, d'aller vers un socialisme humain... Castro ne prenait pas ombrage de ces joutes verbales, conscient de l'incroyable popularité dont jouissait l'Argentin-Cubain auprès de la population de l'île, notamment pour son extraordinaire franchise et sa moralité sans tache.

Il lui arrivait de régler les problèmes sociaux de ses proches : procurer un peu d'argent à certains dans le besoin, aller au chevet d'un de ses employés malades, trouver un appartement à une famille nombreuse errante, et même tenter d'apaiser des problèmes conjugaux qui désorganisent la bonne marche de son ministère... C'est tout juste si, en tant que médecin, il ne parvenait pas à guérir les écrouelles ou à refaire marcher un paralytique...

L'année 1963, Che prend donc à bras-le-corps son sacerdoce de ministre de l'Industrie. Sa secrétaire Rosaria Cueto a encore des trémolos dans la voix lorsqu'elle fouille dans sa mémoire : « *Il me reste plein de souvenirs, mais le plus fort c'est qu'il donnait toujours l'exemple aux autres, c'était sa manière à lui de diriger. J'ai vécu à ses côtés le processus de nationalisation des entreprises. Il travaillait sans arrêt et pouvait ne dormir que deux ou trois heures par nuit. Mais il était d'une ponctualité maladive et venait au travail même lorsque son âme le tourmentait.* »

Cette année-là, Che tente de rompre non seulement les liens avec les économies capitalistes, mais aussi ceux qui sont maintenus dans les pays du bloc communiste. Il est contre la loi du marché, contre les stimulants matériels pratiqués dans les pays de l'Est, car, explique-t-il, « ils privilégient et l'égoïsme et l'intérêt privé ». Il leur préfère les stimulants moraux, même s'il est contredit par des experts comme les français Charles Bettelheim et René Dumont. « *On lui parlait économie, il répondait inlassablement "homme nouveau"*, se souvient René Dumont. *Malheureusement, il n'existe pas d'homme parfait, et les stimulants moraux n'ont jamais aidé la production.* »

Che travaille comme un forcené, fuit, à son tour, les journalistes et s'enferme dix-huit à vingt heures par jour dans son bureau, souvent sans prendre le temps d'un repas. Il essaie de trouver une voie, un moyen de développer l'économie du pays sans léser la population. Dans le même temps, il publie des articles politiques – essentiellement dans *Verde Olive*, le journal de l'armée –, des manuels de guerre et ses *Mémoires de la Sierra Maestra*. Régulièrement il donne l'exemple en allant « couper la canne » ou en participant à différents travaux volontaires. Mais la méthode ne provoque pas que de l'enthousiasme, d'autant que l'économie patine. Cependant, avec son épouse et des collaborateurs, Fidel laisse faire... La conception d'une gestion centralisée de Cuba n'est pas pour lui déplaire, puisqu'elle l'arme d'un pouvoir absolu, même si le Che la conditionne à un contrôle étroit des travailleurs, dont on connaît le sort dans le système soviétique.

Dans son entourage, il n'a pas que des adeptes... Beaucoup n'aiment pas son ton autoritaire et ses manières cassantes : Angel Arcos Bergnes, un ingénieur qui a travaillé à ses côtés durant quatre ans, était de ceux-là. *« Je le voyais quatre heures tous les lundis matin au conseil de direction du ministère de l'Industrie et quatre heures l'après-midi au cours de visites dans des entreprises. Il était d'une ponctualité effrayante et critiquait beaucoup les Cubains pour leur caractère indiscipliné. J'avoue que sa présence ne m'impressionnait pas autant que celle de Fidel. D'ailleurs je suis contre la mythification du Che. Il avait beaucoup de défauts, comme tous les hommes, par exemple, une austérité cultivée à l'extrême. Je me souviens d'une réprimande pour un geste de camaraderie que j'avais eu envers lui, qu'il a jugé comme étant du "fayotage"... Son attitude n'avait qu'un but didactique et cela m'a énormément blessé. Il était aussi très sévère durant les interminables réunions au ministère, où nous restions sans manger comme si nous étions en guerre. Pour lui la guerre ne pouvait s'achever qu'à la fin totale de l'impérialisme. Tout le monde savait aussi qu'il pratiquait des exercices pour s'endurcir, il dormait dans un hamac et s'entraînait militairement les pieds nus. Il disait d'ailleurs : "À ceux qui me qualifient d'aventurier, ils ont raison, mais je suis un aventurier à part. Je suis un aventurier qui risque sa peau pour faire triompher ses vérités." »*

La polémique fait rage, Che confronte ses idées à des experts internationaux et tente d'endiguer les critiques de certains responsables cubains. Il fait même appel au trotskiste Ernest Mendel, faisant par là preuve d'une belle indépendance. Che se bat sur ses options économiques, comme si le temps lui était compté. Son idée maîtresse : offrir des produits à bas prix selon un plan qui détermine les besoins collectifs, éradiquant ainsi tout critère de rentabilité. Cette théorie ne convainc pas les ministres du Commerce et de l'Agriculture. Ernesto se bat seul contre tous pour imposer sa volonté de bâtir une société sur le principe de l'échange et non de l'argent.

« *Il se crée alors au sein de l'appareil un véritable lobby anti-Che : les anciens du Parti communiste cubain ne tolèrent pas la mise en cause sacrilège du "socialisme réellement existant" en Union soviétique,* explique François Maspéro. *Les nouveaux technocrates voient leurs privilèges naissants menacés. Et par qui ? Un étranger, un Argentin. Le Che en sort battu.* »

Dans le même temps, en cette année 1963, Che ne perd pas de vue ce qui se passe dans sa chère Argentine et décide d'y envoyer des hommes sûrs afin d'y projeter une nouvelle guérilla. Il en serait le dirigeant à distance. Che choisit pour mener l'opération un ami de longue date, l'Argentin Ricardo Masetti qui venait de créer l'agence de presse *Prensa Latina* à Cuba et refusait d'aller couper la canne à sucre comme tout bon révolutionnaire cubain... Il était tout dévoué au Che et se présentait aussi comme l'un de ses disciples. « *Ricardo Masetti, alias "Comandante Segundo", était mon père,* explique Jorge Masetti, écrivain cubain réfugié en France. *Autour de lui, se regroupèrent quelques Argentins dissidents du parti communiste et des Cubains vétérans de la Sierra Maestra, membres des services secrets. Leur objectif était de consolider un foyer de guérilla dans le nord de l'Argentine avant l'arrivée prévue du Che. Mais ils étaient à peine à pied d'œuvre que la junte militaire qui gouvernait alors l'Argentine organisa des élections qu'elle perdit. Le docteur Arturo Illia, paisible médecin de Cordoba, devint président, suscitant une crise parmi les guérilleros : une chose était de faire la guerre à une junte militaire, une autre de la mener contre un gouvernement civil élu par le peuple. Au nom de l'armée du peuple, mon père trancha : "Nous sommes les seuls hommes libres dans cette République opprimée et nous descendrons dans la plaine pour combattre. La Révolution ou la mort !" En quelques mois, le groupe fut anéanti, victime autant de l'ennemi que des conceptions guévaristes qui le guidaient. Mon père et l'un de ses compagnons disparurent dans la forêt vierge où ils ne furent jamais retrouvés...* »

Un autre témoignage, celui d'Alberto Castellano, chauffeur et garde du corps du Che, complète le récit : « *Le Che ne voulait pas rester à Cuba. Ses aspirations étaient plus nobles que celles de Fidel. Il rêvait de libérer le continent latino-américain. Il a créé des* focos *[foyers] de guérilla contre le capitalisme qu'il voulait battre sur ses points faibles. Cette idée ne l'a jamais abandonné, elle était présente durant la lutte dans la Sierra Maestra et après le triomphe de la révolution. Indiscutablement, il pensait à une Révolution continentale avec comme ligne de mire l'Argentine. Tout indique que la Bolivie n'était qu'une étape établie sur les frontières argentines, brésiliennes, péruviennes, paraguayennes, qui constituait un lieu stratégique. D'ailleurs, il m'envoya avec un groupe insurrectionnel en Argentine, l'ordre étant de l'attendre là-bas. Je n'ai pu accomplir ma mission car je fus fait prisonnier assez rapidement. Le reste est connu... Ils ont tué plusieurs hommes très proches du Che et nous avons échoué dans notre tentative d'insurrection. Moi, je suis resté en prison pendant quatre ans mais je n'ai jamais avoué ma nationalité cubaine. Je disais que j'étais péruvien, c'est comme ça que j'ai pu finalement m'en sortir. Deux mois après la mort du Che.* »

Dessaisi de fait des affaires intérieures, Che part de nouveau représenter Cuba dans le monde. Or, dans les instances internationales, il développe la même conception : « Le camp socialiste ne doit pas appliquer dans son sein les lois du marché. » Il le dira à New York aux Nations unies, le 11 décembre 1964, tout en affirmant qu'il est prêt à donner sa vie pour les peuples d'Amérique latine ; il lance une attaque en règle des pays du tiers-monde contre le camp impérialiste qualifié d'« internationale du crime » et porte ainsi un coup rude à ce que les grandes puissances s'ingénient à appeler la « coexistence pacifique ». Mais dans sa fougue, en pointant du doigt les États-Unis, Che ne peut s'empêcher d'évoquer le cynisme et l'extraordinaire impunité qui ont couvert, dans l'ancien Congo belge, l'assassinat de Patrice Lumumba. Ce dernier avait été élu chef du Congo-Léopoldville le 30 juin 1960, territoire devenu indépendant par la lutte armée. Mais Lumumba aussitôt installé au pouvoir est en prise avec une rébellion dans sa propre armée favorisée par la Belgique et Washington. Patrice Lumumba trahi est torturé et exécuté à Élisabethville en juin 1961.

Cette déclaration aux Nations unies est un signe avant-coureur de l'envie qui démange le Che de reprendre le chemin de la lutte et surtout une indication précise du territoire où, selon lui, cette lutte doit reprendre. Mais à l'époque aucun observateur ne remarque l'insistance avec laquelle il évoque les troubles congolais... Il reprend son tour du monde des capitales et arrive à Paris le 8 février 1965. Il restera deux jours dans cette cité qu'il admire et où il voulait vivre étant jeune. Le plus clair de son temps, Ernesto le passe à écumer les salles du Louvre, passe voir *La Joconde*, des toiles du Greco et de peintres italiens du quattrocento, mais il semble médusé par un tableau du Flamand Jérôme Bosch, *La Nef des fous*, qui représente un bateau rempli de joyeux drilles qui lui rappelle, peut-être, la folle équipée du *Granma*. Il repart ensuite en Tanzanie, en Égypte et en Algérie.

À Alger, quelques jours plus tard, le 24 février 1965, au cours d'un séminaire afro-asiatique fréquenté par trente-cinq délégations dont celles de la Chine et de l'URSS, Che fait un discours fracassant : il met en cause la participation du bloc de l'Est à « l'échange inégal » qui appauvrit et subordonne les pays du tiers-monde. « *Les soviétiques*, dit-il en français, *marchandent leur soutien aux Révolutions populaires au profit d'une politique étrangère égoïste, éloignée des grands objectifs internationaux de la classe ouvrière.* [...] *Si nous établissons ce type de rapports, nous devons convenir que les pays socialistes sont, dans une certaine mesure, les complices de l'exploitation impérialiste.* » Il n'a pas demandé son avis à Fidel avant de prononcer ce discours à la tribune du séminaire afro-asiatique. Peu de temps avant, Raul, de La Havane, avait tenté par télex de le dissuader de prononcer un tel pamphlet. Le choc est rude pour les Soviétiques, et les médias de toutes les capitales étrangères commentent avec surprise les phrases du leader cubain. À Paris on peut lire dans *Le Nouvel Observateur* : « Jamais un dirigeant communiste au pouvoir n'avait tenu aux Soviétiques un tel langage sans que son pays rompe avec l'URSS ou soit excommunié. » Pourtant rien de tel ne se fera même si des émissaires de Moscou vont aussitôt réclamer des comptes à La Havane en demandant le départ du Che, « l'hérétique », qui est à cette époque plus proche des positions chinoises.

« À plusieurs occasions lorsque j'étais ambassadeur à Prague, souligne Raul Roa Kouri, *j'ai eu l'opportunité de parler avec lui, en particulier de la situation sombre que traversait la Tchécoslovaquie à l'époque d'Antonin*

Novotny... La Révolution chinoise l'intéressait aussi beaucoup mais il n'était pas totalement convaincu par les conceptions maoïstes et encore moins par ce qui s'est appelé la Révolution culturelle prolétarienne, dont il a connu le début. Toutefois, et malgré les différences de qualité et de quantité, il ne cessa de juger positivement les efforts des dirigeants chinois, face à une situation très proche de celle de nos pays sous-développés. »

Ahmed Ben Bella, qui m'a adressé une lettre de souvenirs et d'émotion, était à l'époque président de la jeune République algérienne. Il se souvient de sa rencontre avec le Che qui l'a énormément marqué : « *Je le connus de près à Alger, lors de la conférence afro-asiatique. Son intervention fit beaucoup de bruit lorsqu'il a relevé que les rapports de l'URSS avec les pays capitalistes gardaient par certains côtés un caractère mercantiliste qu'il réprouvait. Cette déclaration fit l'effet d'une bombe à Moscou et ailleurs, et Guevara dut préciser que c'était là un point de vue personnel. Mais tout le monde comprit que cet homme ne sacrifiait rien d'essentiel aux contraintes de la "raison d'État". Il revint à Alger pour y demeurer plus longtemps. Il avait le corps d'un homme robuste. En réalité, c'était un homme malade.* [...] *L'Afrique l'intéressait beaucoup. Il se rendit à Cabinda, au Congo-Brazzaville, où existait une guérilla, à plusieurs reprises. Je le revoyais après chacune des visites qui le menaient ici et là en Afrique et nous passions des heures, tard dans la nuit, à discuter de nos problèmes, à échanger nos idées. Il était très impressionné par la fabuleuse richesse culturelle du continent. Il parlait un français châtié à l'occasion. Son expérience de Cabinda l'avait déçu, comme le décevra celle de Stanleyville, le Kisangani d'aujourd'hui, dans l'est du Zaïre, où existait une guérilla. Il restait simple, disponible, mais n'avait pas un comportement méditerranéen et ses gestes étaient toujours mesurés. Il avait des idées bien arrêtées, mais n'était pas prisonnier du dogme. Ainsi reconnaissait-il du mérite à Perón, me demandant de m'entremettre pour qu'il soit reçu par Nasser. "Qu'importe où nous surprendra la mort, disait-il, qu'elle soit la bienvenue, pourvu que notre cri soit entendu, qu'une autre main se tende pour empoigner nos armes et que d'autres hommes se lèvent..." Du Che, pour moi, c'est cela qui restera éternellement, par-delà les épisodes qui ont marqué sa vie, par-delà la glose abondante qui prétend disséquer ses faits et gestes dans une comptabilité sourcilleuse du contexte qui les accompagnait, des succès et des échecs, par-delà des "il aurait dû faire..." ou des "si cela s'était passé ainsi, alors...", par-delà cette lecture superficielle de l'Histoire, qui autopsie les événements et les faits, mais conduit à ignorer l'homme artisan de l'Histoire, au souffle de vie éphémère, si fragile mais si grand parfois, si capable de se transcender, de reculer encore et plus loin ses limites. Quand un tel phénomène se produit, un flux d'espoir immense inonde les cœurs, définitivement et pour toujours les "insémine" pour ne plus les quitter. Du Che c'est ce rôle d'"insémination" des cœurs et des consciences qui apparaîtra de plus en plus nettement, et qui va grossir indéfiniment le flot des pèlerins qui par milliers vont visiter les lieux où il trouva la mort, y puiser plus de courage et d'espoir dans un monde meilleur fait de justice et de liberté. C'est donc à une autre lecture, plus profonde, qu'il convient de procéder si l'on veut restituer à ses faits et gestes leur sens réel. Par-delà les gloses et les dogmes, la quête absolue du Che était l'homme. Un homme debout et fier. Un homme digne et libre, ainsi qu'il devrait l'être un peu partout de par le monde.*

« Petit à petit, cet homme simple mais habité si fort d'un rêve de changer un monde pour lui en substituer un autre, plus juste, plus humain, pénétra sans en forcer la porte, au fond de nous, pour ne plus nous quitter. Son souvenir est toujours présent dans l'esprit de ceux qui luttent ou

espèrent plus que jamais qu'il s'insère dans la trame de leur vie quotidienne. Quelque chose de lui reste attaché à leur cœur, à leur âme, enfoui tel un trésor impérissable dans la partie la plus profonde, la plus secrète et la plus riche de leur être, réchauffant leur courage et attisant leur énergie. Au moment de quitter Fidel, il lui dit : "D'autres terres réclament la contribution de mes modestes efforts. Je porterai sur de nouveaux champs de bataille le sentiment d'accomplir le plus sacré des devoirs, 'lutter contre l'impérialisme là où il se trouve'." »

Peu de temps auparavant, au cours de sa tournée des pays du tiers-monde, Che s'arrête une nouvelle fois au Caire où il retrouve Nasser. Il sait sans doute à ce moment-là qu'à Moscou on est furieux et que sa tête a été demandée à Fidel Castro. Il s'en ouvre donc au président égyptien, lui explique les raisons de son ire à Alger et se laisse aller à parler de son Argentine et de Perón pour comparer celui-ci à Castro... *« Contrairement à Castro, Perón s'est comporté comme un lâche,* dit-il, selon le témoignage de Mohamed Hassanein Keikal, conseiller du président Nasser, *même s'il a réussi lui aussi à déclencher un mouvement populaire sérieux. Il n'a pas eu le courage d'affronter la mort et s'est enfui. Le moment critique de la vie d'un homme est celui où il prend la décision d'affronter la mort. S'il décide de l'affronter, il est un héros, que son entreprise se solde par un succès ou un échec. Il peut être bon ou mauvais politicien, mais s'il n'est pas capable d'affronter la mort, il ne sera jamais rien de plus qu'un politicien... »* Là encore pointe certainement cette rivalité avec la mort que le Che affronte si régulièrement lorsqu'il est en prise avec l'asthme.

« Exigeant avec lui-même et avec tous, juste mais inflexible sur le devoir à accomplir. »
Raul Roa-Kouri

Che devient un véritable homme de la propagande révolutionnaire. Il n'hésite jamais à s'adresser à la foule - ici à Las Villas - pour l'exorter à soutenir la Révolution en marche.

« Comme chef de
la force rebelle,
j'avais le devoir
de le protéger,
de le préserver
au cours de
ses missions
stratégiques... »
Fidel Castro.

« JE NE SERAIS PAS UN HOMME SI JE N'AIMAIS PAS LES FEMMES, MAIS JE NE SERAIS PAS UN RÉVOLUTIONNAIRE SI PAR AMOUR DES FEMMES JE CESSAIS D'ACCOMPLIR UN SEUL DE MES DEVOIRS... »

De haut en bas :
Avec sa mère et son petit frère Juan Martin.

Sa mère et son père sont venus à La Havane partager avec lui « son » triomphe révolutionnaire.

Une coupe de champagne pour fêter son mariage avec Aleida.

Un moment de retrouvailles avec sa mère Célia de la Serna.

Aux côtés d'Aleida, sa secrétaire personnelle qui deviendra son épouse, Che, guéri d'une blessure au bras suite à une chute durant la bataille de Santa Clara, savoure un nouveau cigare.

Che vient d'être nommé ministre de l'Industrie. C'est entouré de celles qui vont devenir ses proches collaboratrices qu'il arrive à son ministère en 1962.

Entouré de ses compagnons de la Banque nationale de Cuba, Che palpe pour la 1ère fois des billets de 3 pesos à son effigie.

Premiers jours
de Janvier 1959,
Fidel et Che
prennent leur
premier bain
de foule.

« L'AVENIR ? EN VÉRITÉ JE NE SAIS PAS OÙ JE LAISSERAI MES OS... »

Che adorait la photographie qui l'avait aidé à vivre à Mexico. Il réalise lui-même des centaines de photos de sa propre aventure.

Avec Aleida, très
peu de temps
était consacré
à leur amour…
la Révolution
passait avant.

« ... À CEUX QUI
ME QUALIFIENT
D'AVENTURIER,
ILS ONT RAISON,
MAIS JE SUIS UN
AVENTURIER
À PART. JE SUIS
UN AVENTURIER
QUI RISQUE SA
PEAU POUR FAIRE
TRIOMPHER SES
IDÉES »

Seul, Che commence à élaborer des théories économiques qui vont l'isoler sur la scène cubaine.

La révolution affiche encore en cette année 1960 une unité de façade qui va bientôt s'effriter. Mais Fidel et Raul Castro resteront les maîtres du pays.

« ... ON LUI PARLAIT ÉCONOMIE, IL RÉPONDAIT INLASSABLEMENT “HOMME NOUVEAU“, MALHEUREUSEMENT IL N’EXISTE PAS D’HOMME PARFAIT... »

Devenu ministre de l'Industrie, il n'hésitait pas à se rendre aux 4 coins du pays pour visiter les usines : « L'absentéisme et la faible productivité, disait-il, sont les ennemis de l'industrialisation. »

La conception d'une gestion centralisée de Cuba plaît au Che, car elle arme le pays d'un pouvoir absolu, même si le Che la conditionne à un contrôle étroit des travailleurs.

Infatigable, Che parcourait l'île de part en part pour contribuer à l'essor de la Révolution grâce à son extraordinaire popularité.

Les intellectuels fascinés par le triomphe de la Révolution cubaine se sont précipités à La Havane au début des années 60 – ici Jean-Paul Sartre – pour mieux appréhender le phénomène.

Che dirige une réunion des nouveaux hommes forts de Cuba sous l'œil omniprésent de Fidel qui reste le seul à décider des objectifs.

En visite en Inde et en Afrique, Che devenu ambassadeur itinérant de la Révolution cubaine, tente de trouver des aides politiques et financières auprès des pays du tiers-monde.

Après la mort tragique de Camilo Cienfuegos, Fidel et Che étaient un duo inséparable qui semblait partager les objectifs du Cuba révolutionnaire.

« ... TOUT POUR LA RÉVOLUTION, RIEN CONTRE LA RÉVOLUTION... LA RÉVOLUTION A AUSSI SES DROITS ET LE PREMIER D'ENTRE EUX EST LE DROIT D'EXISTER... »

Fidel Castro

«J'AI TOUJOURS CONSIDÉRÉ FIDEL COMME UN VÉRITABLE LEADER DE LA BOURGEOISIE DE GAUCHE, MAIS SA FIGURE EST RÉHAUSSÉE PAR SES QUALITÉS PERSONNELLES EXTRAORDINAIRES DIFFÉRENTES QUI LE PLACENT BIEN AU-DESSUS DE SA CLASSE... »

Lettre du Che à Ramos-Latour

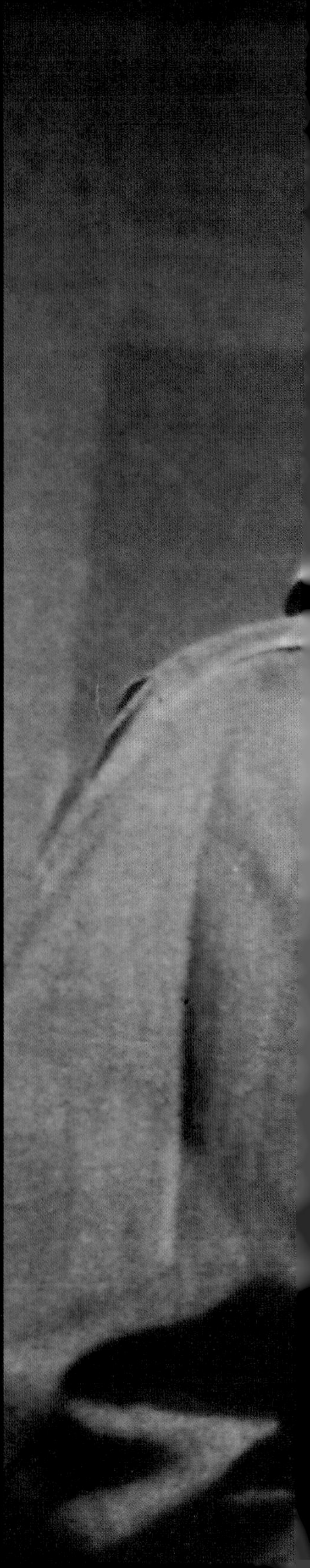

RAVO
FIDEL
STRO
LONG LIVE
CUBAN
REVOLUTION
SHAME ON THE
CTORS
LUTION
HAIL
FIDEL CAS
ON OF
WELCO
TO
GHANA
WELC
TO
OSAC
GH

ERNESTO GUEVARA, CITOYEN DU MONDE

De retour à Cuba, le 14 mars 1965, après plus de trois mois d'absence... c'est la rupture. Che vit ses derniers moments publics, le compte à rebours de son départ vers d'autres continents vient de commencer. Fidel, le président Dorticos, Raul Roa Kouri, le ministre des Affaires étrangères, et Orlando Borrego, compagnon de Guevara, sont à l'aéroport. Aleida, son épouse, est également présente pour souhaiter la bienvenue à son mari. Ces retrouvailles d'apparence chaleureuse et joyeuse sont en réalité tendues, Borrego se souvient du masque « à peine souriant » de Fidel... Celui-ci entraîne très vite Guevara en direction d'une maison à Cojimar, sur une colline, tout près de la finca de Hemingway. Durant deux jours ils s'enferment et sans doute déballent leurs rancœurs. Que se disent-ils ? Seul Castro pourrait le révéler. Pourtant la rencontre a dû être orageuse. René Dumont, invité en 1969 par Castro pour consultation sur la grande zafra, explique : « *En fait, Fidel s'est emporté contre moi, me reprochant d'avoir parlé, selon lui, avec des traîtres... Et il s'est mis à pousser des cris, des hurlements... Mon interprète qui pétait de trouille m'a glissé à l'oreille plus tard : "Il a hurlé comme ça le jour où le Che le quittait. Je me trouvais juste dans la pièce d'à côté."* » Mais rien

En visite au Ghana, Che qui jouit d'une immense popularité en Afrique est accueilli en héros.

n'a filtré de ce huis clos qui reste l'énigme de cette épopée. Osvaldo Dorticos se suicide en 1973, il ne reste plus que les spéculations. Pour François Maspéro le « *parler vrai du militant n'est plus acceptable pour le dirigeant qui représente la raison d'État. Pour Fidel, la marge est étroite, s'il veut tenir tête à la fois au blocus mortel qu'imposent les États-Unis et à la prétention de l'allié soviétique à faire de Cuba son satellite* ». En tout cas, entre Fidel et Che, c'est la rupture. Castro n'a pas supporté que Che parle à sa place à une tribune internationale. Pour lui, Cuba ne doit parler que d'une seule voix : la sienne. Il est vraisemblable aussi que Moscou ait fait pression pour que Guevara soit rayé des instances dirigeantes cubaines, sous peine de réduire leur aide matérielle à l'île. Pourtant, revenant sur l'événement en 1985 devant un religieux dominicain Frei Betto, Castro confesse en termes mesurés une des demandes du Che : « *Je veux partir remplir ma mission, je veux reprendre les armes et me relancer dans l'action révolutionnaire !* » Fidel lui aurait répondu : « *Je te l'avais promis chez María Antonia, je tiendrai ma promesse !* » Che n'a d'autre alternative que de partir, il a perdu la bataille politique qu'il menait, il se battra ailleurs mais avant il rédige un long courrier pour sa mère, une lettre datée du 16 mars 1965 qu'il confie à un ami argentin qui doit se rendre prochainement à Buenos Aires. Ces lignes seront lues avec passion par une femme seule – son époux, le père du Che, l'avait quittée –, rongée par le cancer et inquiète pour son fils qui lui écrit qu'il songe à se retirer et la supplie de ne pas revenir à Cuba... Ensuite dans une autre lettre, également écrite en 1965, dont il pèse chaque phrase et qu'il adresse à Fidel, il renonce à tout : à sa citoyenneté cubaine, à sa femme et à ses enfants. Fidel la rend publique le 3 octobre devant le premier Congrès du Parti communiste cubain auquel Che n'adhérera jamais. « *Je renonce officiellement à mes charges à la direction du parti*

[Parti uni de la Révolution socialiste cubaine, le PURSC], *à mon poste de ministre, à mon grade de commandant, à ma condition de Cubain. Rien ne m'attache légalement à Cuba ; seulement des liens d'une autre espèce qui, contrairement aux postes officiels, ne peuvent être cassés* [...]. *D'autres terres dans le monde réclament ma modeste contribution. Je peux faire ce qui t'est refusé, du fait de tes responsabilités à la tête de l'État, mais l'heure est venue de nous séparer...* » Lettre convenue entre Fidel et lui ? Certains expliquent aujourd'hui que Castro demandait ce genre de lettre à tous ceux qui partaient porter la « guérilla » dans d'autres pays, afin de préserver l'action diplomatique de l'État cubain.

Victor Drake fut, après le Che, l'un des principaux dirigeants de la mission « Congo ». Dans sa petite maison de La Havane, en décembre 2002, il me glisse à l'oreille : « *Fidel, à un moment donné, n'avait plus d'autre choix que de lire la lettre qu'avait laissée le Che avant de partir pour le Congo. Très peu de personnes étaient au courant de cette mission. Che est parti clandestinement en Afrique et nous sommes restés plusieurs semaines avant que les gens s'inquiètent de sa disparition... Les spéculations se sont multipliées, on a même dit que Fidel l'avait assassiné... Bref ! tout et n'importe quoi. Mais Fidel refusait de répondre aux questions très pressantes pour ne pas mettre le Che en danger en signalant l'endroit où il se trouvait... La CIA le traquait et d'autres aussi. Jusqu'au 3 octobre 1965, des rumeurs circulaient, mais personne dans le public n'avait pu obtenir des nouvelles du Che. C'est sur ces entrefaites que le Parti communiste cubain a été créé... Le Che était invisible depuis le 6 mars. Qui pouvait imaginer la constitution du comité central du PCC sans le Che comme membre fondateur ? Fidel n'a donc pas eu d'autre solution que de divulguer la lettre laissée par le Che. De toutes les façons, Che nous l'avait dit, il était sorti de Cuba pour ne plus y revenir, il voulait continuer la lutte. Il pensait faire la guérilla au Congo, pendant au moins cinq ans, il nous l'avait précisé sur place, et ensuite poursuivre la lutte en Argentine. Donc, lorsque Fidel lit la fameuse lettre, il ne sait pas que le Che est dans une situation très difficile, en raison de mauvaises communications, et que bientôt ce que l'on appellera l'"aventure africaine" se soldera par un échec... Surtout qu'au bout du compte, ce sont les Africains eux-mêmes qui ont décidé que nous devions partir. Je me rappelle très bien ce que Che m'a dit lorsqu'il a su que Fidel avait lu publiquement sa lettre d'adieu. "Maintenant les gens savent que je ne suis plus à Cuba", m'a-t-il confié par téléphone du campement. Il avait sa tête des mauvais jours. Mais il ne dit pas un mot contre Fidel...* »

Il fallait, quoi qu'il en soit, sauver les apparences et camoufler une sortie imminente du Che tout en flattant son panache et en inscrivant sa démarche dans une continuité révolutionnaire. « *Après sa lettre d'adieu, Che m'a adressé une petite note dans laquelle il réaffirme sa loyauté à la Révolution cubaine et à Fidel,* témoigne Orlando Borrego. *Tous ceux qui disent aujourd'hui que les relations entre Fidel et le Che étaient mauvaises ont tort. Ce qui ne signifie pas qu'il n'y avait pas de points de vue différents entre eux sur les méthodes, ou que leurs analyses étaient toujours concordantes. Et puis tout le monde sait bien qu'il y avait une vraie polémique, ici à Cuba, concernant les théories économiques du Che, que certains n'hésitaient pas à critiquer publiquement. La chose la plus précieuse qu'il m'ait laissée, le 29 mars 1965 avant son départ, fut une dédicace sur son livre* Le Capital *de Marx qu'il m'offrit ce jour-là, un livre annoté par lui à chaque page. Il m'a écrit : "Ceci est la source où nous avons tous appris à rechercher ce qui n'est encore qu'une intuition. Maintenant que je m'en vais accomplir mon devoir et mon rêve, toi tu restes pour accomplir le tien contre ton désir, je te laisse avec une preuve de mon amitié que je t'ai, assez peu, exprimée par des mots. Merci pour ta fermeté et ta loyauté. Que rien ne te détourne de la route. Je t'embrasse. Che."* »

En rendant publique cette lettre d'adieu alors que l'Argentin lutte clandestinement en Afrique, Fidel Castro le coupe de tout éventuel retour officiel à Cuba. Che n'a plus d'autre choix que de combattre jusqu'à la mort. L'atmosphère est tendue ce 3 octobre 1965, Fidel lit lentement et avec émotion la lettre de son compagnon devant des caméras de télévision et tous les membres du nouveau parti communiste, venus assister à la constitution de leur comité central. Debout dans un silence figé. Aleida, vêtue de noir, est sur la tribune, juste derrière Fidel.

Che a laissé à Cuba une foule de discours, manuscrits et articles qui attestent de sa volonté déterminée de changer l'homme comme il le souligne dans son ouvrage *Le Socialisme et l'homme à Cuba* : « Pour construire le socialisme, il faut changer l'homme en même temps que la base économique... » Aveu patent où il est plus question d'« instaurer la cité de Dieu sur terre qu'une simple société plus juste ». Mais le discours d'Alger, censuré à La Havane, continue à provoquer des remous. Severino Tutino a pu le constater : « *Quelques mois plus tard, je publiai dans* Le Nouvel Observateur *un article sur les divergences entre le Che et le régime cubain et j'ajoutai que s'il n'y avait pas de rupture officielle avec le Che, des désaccords profonds ont surgi entre lui et d'autres dirigeants. Cet article changea radicalement l'attitude des responsables cubains à mon égard. Les membres des délégations communistes italiennes n'osaient même pas prononcer le nom du Che devant Fidel... Ce qui est sûr, c'est que Guevara a été victime d'un triple jeu. Dès 1960, Fidel déclarait : "Nous ne voulons pas exporter la Révolution !" Tandis que le Che, avec l'accord du même Fidel, préparait des guérillas pour de nombreux pays d'Amérique latine... Mais dans le même temps, les envoyés du Che étaient signalés par le KGB aux agents de la CIA avant même leur sortie...* »

Lolita, une amie d'enfance d'Aleida, replonge avec nostalgie dans cette période où elle essaya d'aider l'épouse du Che totalement désemparée : « *Je me souviens que lorsqu'il est parti au Congo, leur fils Ernestito avait à peine deux ans. Je n'oublierai jamais qu'Aleida pleurait tandis qu'elle repassait les vêtements du bébé et qu'elle m'a dit : "Je n'aurais pas dû avoir autant d'enfants..." Pour le Che, ses idéaux étaient plus importants que sa propre famille. Il répétait toujours qu'il n'était pas question de mourir dans un lit. La libération des peuples ne constituait pas pour lui une utopie, c'était son ambition. C'est pour ça qu'il voulait lutter et mourir.* »

Che part donc clandestinement créer d'autres « focos » dans le monde et Fidel lui apporte son appui parce que leur vision reste la même : toute ouverture d'un foyer nouveau contre l'impérialisme se confond avec la cause de la Révolution cubaine. Ce doit être l'heure « des brasiers » du Viêtnam à l'Amérique latine. Che laisse d'ailleurs un autre texte – auquel Castro donnera un retentissement international – où il prône l'insurrection partout où les intérêts de l'impérialisme peuvent être mis en cause et la constitution de « deux, trois, quatre Viêtnam ».

Fidel ne retient pas Ernesto dans sa volonté de partir, mais il ne l'encourage pas. Il se souvient simplement qu'au début de leur rencontre l'Argentin lui avait demandé de rester libre au lendemain d'une éventuelle victoire. Castro tient simplement sa promesse, même s'il trouve son intérêt dans ce départ et dans l'exploitation du symbole de son compagnon de combat. Il l'a même assisté logistiquement dans sa première aventure, la correspondance entre les deux hommes l'atteste. Mais le Che a-t-il cru véritablement qu'il pouvait vaincre partout, ou s'est-il engagé par désespoir de cause ? À son compagnon Jorge

Serguera, ambassadeur de Cuba à Alger, il avoue qu'il est fatigué de combattre, que son corps à trente-sept ans n'a plus la même force qu'avant, même s'il écrivait dans son journal « qu'importe la mort, qu'elle soit la bienvenue pourvu que notre cri de guerre soit entendu... ».

« *Pour moi, la grandeur politique du Che,* souligne Jorge Serguera, *se révéla lorsqu'il renonça à son statut politique et social et retourna au combat à un âge qui n'était plus adéquat. Je me souviens qu'un jour je lui ai dit : "Che, nous ne sommes plus les mêmes..." ; et il me répondit : "C'est vrai, j'ai besoin de dormir, je suis fatigué !" À ça il fallait ajouter le poids de l'asthme. Quand je le voyais en crise, j'étais désemparé : ses yeux s'enfonçaient dans leur cavité d'une manière impressionnante. Il me faisait de la peine au point que je craignais pour lui davantage ses crises d'asthme que les dangers du combat... C'était horrible mais en même temps son pouvoir de récupération était incroyable. De cette époque son caractère est devenu, autant que je m'en souvienne, plus irascible... Il était toujours irrité et cela en offusquait plus d'un. Lui parler de problèmes personnels était quasi insurmontable. Il était sérieux tout le temps, il restait accessible mais provoquait de prime abord une certaine crainte...* »

Il disparaît donc même pour ses proches et sa propre famille à qui il n'a laissé que des lettres. « *À mes enfants,* écrit-il, *chers Hildita, Aledita, Camilio, Célia et Ernesto, si un jour il vous arrive de lire cette lettre, ce sera parce que je ne serai plus parmi vous. Vous ne vous rappellerez presque rien de moi et les plus petits, rien du tout. Votre père a été un homme qui a agi comme il pensait et, bien sûr, qui a été loyal à ses convictions. Grandissez en bons révolutionnaires. Étudiez beaucoup afin de dominer la technique qui permet de dominer la nature. Souvenez-vous que la Révolution c'est le plus important et que chacun de nous, seul, ne vaut rien. Surtout, soyez toujours capables de sentir en vous-mêmes chaque injustice commise contre votre prochain dans n'importe quelle partie du monde. C'est la plus belle vertu d'un révolutionnaire. À toujours, mes enfants, j'espère vous revoir malgré tout. Un énorme baiser et un grand câlin de papa !* »

Aleida, sa seconde épouse, repense avec douleur à cette époque : « *Lorsqu'il est parti, ce fut, bien sûr, très difficile pour moi car je devais tenir le rôle du père et de la mère. Mais j'en avais pris l'habitude. Il m'avait laissée tant de fois lorsqu'il est allé en Chine, en Algérie... Mais je le comprenais et j'avais mal pour lui. De toute façon je ne parlais pas du Che aux enfants et je leur interdisais d'aller à l'école à l'anniversaire de sa mort ! Ce fut un homme qui savait vivre avec son temps et qui savait influencer les autres sur son propre combat. C'était un homme qui pensait et agissait en même temps, un véritable intellectuel qui n'hésitait pas à défendre ses idéaux les armes à la main. Il a toujours considéré que la guérilla était nécessaire pour transformer le monde. Sa principale ambition était de vivre en homme libre et il s'est battu pour ça aussi. Il est ridicule de croire qu'il a cherché la mort, il n'avait pas une vocation de martyr. Il voulait vivre, voyager... Par exemple, il rêvait de s'installer quelque temps en France, il n'a pu s'y rendre qu'à deux reprises et en coup de vent, juste le temps de visiter quelques salles du Louvre et d'admirer quelques peintures de maîtres...* »

Le Che écrit également une lettre à ses parents, datée du 16 mars 1965 : « *Une fois de plus je sens sous mes talons les côtes de ma Rossinante. Je repars sur les chemins avec une lance à la main. Il y a maintenant presque dix ans, je vous avais écrit une autre lettre d'adieu. Si je m'en souviens, je me lamentais de n'être pas un meilleur soldat et un meilleur médecin. Le reste ne m'intéressait pas, mais finalement je ne suis pas un si mauvais soldat. Rien de fondamental n'a changé, sauf que je suis bien plus conscient : mon marxisme est enraciné et purifié.* »

Curieusement, le 15 avril de cette même année 1965, Célia de la Serna, sa mère, qui ne savait pas que son fils était parti combattre au Congo, lui adresse un courrier. C'est en fait la réponse à la missive de son fils du 16 mars, ce sera sa dernière lettre que le Che ne recevra jamais : « *Connaissant tes scrupules à t'absenter un seul jour de ton ministère, quand j'ai appris la prolongation de ton voyage, je me suis posé la question suivante : "Ernesto sera-t-il toujours ministre de l'Industrie à son retour à Cuba ?" Finalement, qui a fait triompher ses idées ou a imposé sa volonté en ce qui concerne les primes et la politique d'incitation salariale ? J'ai une partie de la réponse. Si tu vas diriger une entreprise, c'est que tu as cessé d'être ministre. Lorsque l'on connaîtra le nom de ton successeur, nous saurons si la question a été tranchée honnêtement. Mais quoi qu'il en soit, au vu de tes capacités, rester cinq ans à la tête d'une usine, c'est du gâchis. Et ce n'est pas ta mère qui te parle, mais une vieille dame qui aspire à voir le monde entier converti au socialisme et qui pense que si tu fais ce que tu dis, tu ne seras pas un bon serviteur du socialisme mondial. Si, pour une raison quelconque, les voies te sont fermées à Cuba, il existe en Algérie un certain monsieur Ben Bella qui te serait reconnaissant si tu organisais l'économie de son pays, ou au Ghana monsieur Nkrumah qui le serait aussi. Car tu seras toujours un étranger, c'est ton destin permanent...* »

Le 19 mai 1965, Célia de la Serna meurt à cinquante-huit ans des suites de son cancer sans avoir revu Ernesto. Celui-ci n'apprendra la disparition de sa mère que bien plus tard, alors qu'il se trouve dans la forêt congolaise, et par hasard en tombant sur une revue cubaine qui relate la mort de Célia. « *Nous étions tous très émus*, se souvient Victor Drake. *Il s'est assis quelques minutes, a ensuite évoqué des souvenirs d'enfance et puis, à notre grand étonnement, s'est mis à fredonner des tangos argentins... comme des complaintes...* »

Mars 1965, Che profite une dernière fois de ses enfants, de sa famille qu'il a trop souvent délaissés au profit de ses activités révolutionnaires. Avant de les quitter, il leur laisse une lettre d'une grande tendresse.

« … SOYEZ TOUJOURS CAPABLES DE SENTIR EN VOUS-MÊME CHAQUE INJUSTICE COMMISE CONTRE VOTRE PROCHAIN DANS N'IMPORTE QUELLE PARTIE DU MONDE… »

Lettre du Che à ses enfants.

Le guerrier héroïque se transformait parfois en un père tendre et ému. Ici avec sa fille Celia.

Quelques rares moments d'intimité dans sa maison du Velado à La Havane. Avec Hildita, Camilo et Aledita à gauche. À droite, sous un manguier une rare photo du Che amoureux avec Aleida.

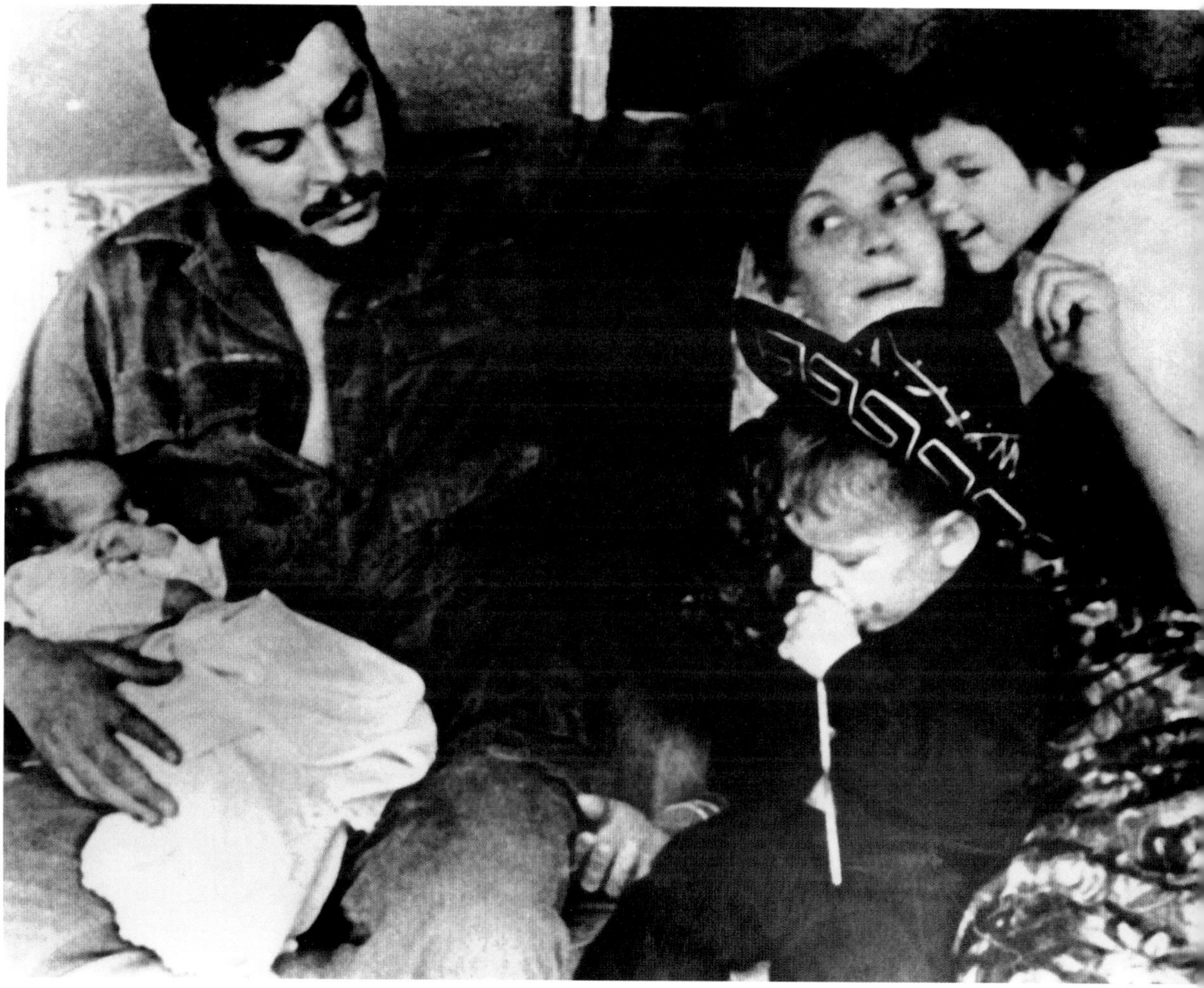

Lorsqu'il partit pour le Congo, Che laissa Aleida son épouse s'occuper seule de leurs 5 enfants, à charge pour Cuba de ne les laisser manquer de rien.

À cette époque on le dit emprisonné, enfermé dans une clinique psychiatrique et même mort assassiné. En fait, il se trouve au Congo, dans cette Afrique où il pense que peut se jouer le sort du monde. Il tente d'y mener une nouvelle guérilla aux côtés des partisans de Patrice Lumumba récemment assassiné.

En avril 1965, deux cents Cubains, noirs de peau, et le Che, rasé et déguisé pour passer incognito, entrent par la Tanzanie dans la jungle congolaise en traversant le lac Tanganyika. Le voyage se fait par étapes et par petites unités, la nuit, sur de frêles embarcations pour mieux éviter les patrouilles belges. Che est là afin d'ouvrir un troisième front international après avoir repoussé, par manque de préparation, la décision de porter la guérilla en Argentine.

« *Nous sommes allés en Afrique,* confirme Jorge Serguera, *d'abord pour porter le feu ailleurs que dans notre petite île et ainsi détourner l'attention des Nord-Américains. Et donc, pas seulement pour internationaliser la Révolution, comme on le pense... À l'époque, j'étais ambassadeur de Cuba en Algérie et le continent africain était en pleine convulsion. À l'arrivée du Che, je l'ai accompagné au Dahomey et je lui ai dit : "Che, tu es là pour un repérage..." Il n'a pas ri et m'a répondu : "C'est le maillon le plus faible de la chaîne du système capitaliste en ce moment, c'est donc le tremplin de l'Amérique latine." En accord avec lui et Fidel, j'ai envoyé des armes en Amérique latine depuis l'Afrique, à l'insu des Soviétiques et des Américains. Le Che avait parlé à Ben Bella pour ce transfert et Boumediene fut également d'une aide précieuse. Mais leurs divergences internes, qui se sont soldées par un coup d'État, nous ont obligés à stopper ces envois.* »

Officiellement, Che Guevara est le médecin du premier groupe, il ne révèle sa véritable identité aux leaders congolais que plusieurs mois après. Pablo Rivalta est ambassadeur de Cuba à Dar es-Salaam, en Tanzanie, c'est lui qui a organisé l'expédition. Ce noir d'aspect imposant est un ancien instituteur très lié au Parti socialiste populaire. Il est parfaitement conscient que la mission est périlleuse d'autant que le commandement révolutionnaire congolais est divisé.

Malgré sa connaissance du français, ses efforts et ceux de ses compagnons pour apprendre le swahili, Che doit recourir à des traducteurs dans la plupart de ses contacts avec les guérilleros. Mais la barrière linguistique ne constitue pas le problème le plus grave. En fait, il trouve des bandes désorganisées, composées de paysans de tous âges et qui manipulent le dernier cri de l'armement chinois ou soviétique comme s'il s'agissait d'arcs et de flèches. Beaucoup de ces armes arrivent incomplètes à cause de l'incohérence des commandes et sont donc inutilisables. Ils ont des mines antichars sans détonateurs, des fusils sans percuteurs... Il s'agit en réalité d'une guerre sans combattants et d'une armée sans commandement. Car les chefs sont tous à l'étranger, dilapidant l'argent en beuveries ou dans les bordels, et Guevara ne parvient pas à prendre contact directement avec eux.

« *La lutte, l'entraînement et le coup de pouce donné au mouvement de libération du Congo allaient servir pour tous les pays et fondamentalement pour l'Afrique du Sud. Telle était l'idée du Che* », explique Rivalta. Il découvre aussi les croyances des combattants congolais, la « dawa » – protection magique contre les balles... « C*ette dawa*, écrit le Che dans son journal d'Afrique, *s'est révélée plutôt dommageable pour la préparation militaire. Le principe est le suivant : un liquide où ont macéré des herbes et d'autres produits magiques est versé sur le combattant, accompagné de certains signes cabalistiques et, presque toujours, d'une marque tracée au charbon sur le front. Il est à présent protégé contre* *toutes sortes d'armes ennemies (cela dépend de l'étendue du pouvoir sorcier) mais il ne peut toucher à aucun objet qui ne lui appartient pas, ni à une femme, et ne doit pas non plus avoir peur sous peine de perdre la protection* [...]. *J'ai toujours redouté que cette superstition ne se retourne contre nous et qu'on ne nous rende responsables de l'échec d'un combat qui ferait de nombreuses victimes...* »

La plupart des autochtones n'arrivent pas à comprendre comment ce blanc peut vraiment vouloir les aider à combattre d'autres blancs. Ils se méfient de lui et c'est uniquement grâce à son statut de médecin, à son rejet de tout privilège et au respect qu'il a pour les paysans, qu'il réussit à réduire la fracture raciale.

« *Nous passions notre temps,* explique Llanga, le traducteur congolais, *à monter et redescendre les collines. Moi, je me disais : "Ce blanc c'est de la merde, il n'a peut-être pas de collines dans son pays."* » Tatu [surnom du Che] – ce qui signifie "trois" en swahili – avait décidé en arrivant au Congo de passer incognito même auprès des membres africains de son unité et de donner des chiffres en swahili à ses compagnons cubains dans leur ordre d'arrivée sur le sol congolais. Victor Drake a été surnommé "Moja" – un –, Tamayo "M'bili" – deux – et Guevara "Tatu" – trois... « *Che portait un uniforme vert olive, un béret noir, un pistolet, une gourde et des bottes comme tout le monde ; il n'avait ni galons ni cartouchière et, quand il sortait, c'était toujours avec son arme, un M2. Il avait toujours deux peignes sur lui et les poches remplies de papiers, des jumelles et un altimètre. Au début, il portait toujours son sac à dos, jusqu'à sa crise d'asthme. C'était un sac normal mais lourd. À l'intérieur, des livres, sa serviette de toilette, la couverture, la toile de nylon. Et aussi son aérosol pour l'asthme. Un jour où nous montions, à la halte à mi-pente, je le vois qui se met quelque chose dans la bouche et pschhht, pschhht. Surpris, je lui ai dit : "Eh bien dites donc, camarade, comme ça vous vous parfumez la bouche ?" Alors, il m'a répondu : "Non ! Je souffre d'une maladie, l'asthme. Tu sais ce que c'est l'asthme ? Non ?" Alors il m'a expliqué. Il avait un transistor Zenith-Panasonic. Il écoutait la radio tout le temps. Il écoutait les stations françaises, les nouvelles. Il écrivait tous les soirs et c'est alors qu'il fumait sa bouffarde. Il buvait son thé sans sucre. Il ne se lavait pas tous les jours, on ne le voyait pas souvent se baigner dans la rivière.* »

Le groupe de Cubains reste en tout près de sept mois à combattre dans la jungle congolaise, multipliant les échecs. Ils sont pratiquement les seuls à se battre, abandonnés par un prolétariat qui pour des raisons religieuses refuse d'en découdre. Pas question non plus de porter les pièces d'artillerie les plus lourdes. Lorsque la situation devient désespérée, aggravée par l'impossibilité d'organiser quoi que ce soit, le Che réunit tous les guérilleros dans le village qu'ils contrôlent encore et commence, furieux, à leur crier en français : « *Mieux vaudrait vous mettre des jupes et vous envoyer faire la cueillette parce que vous ne valez vraiment rien. Vous êtes pires que des femmes et je préférerais entraîner une armée de femmes plutôt que d'avoir affaire à de tels incapables !* » Au fur et à mesure que le traducteur reverse le flot d'injures, tous les hommes le regardent interdits puis s'écroulent de rire avec une ingénuité déconcertante. Déçu, Che, qui maintient une correspondance avec Fidel, lui adresse ces mots : « *Nous ne pouvons libérer seuls un pays qui ne veut pas se battre. Il faudrait d'abord y créer un esprit de lutte, puis utiliser la lanterne de Diogène et avoir la patience de Job pour trouver parmi eux des soldats, ce qui tient de la mission impossible vu la merde ambiante.* » Il lui demande également de cesser d'envoyer de l'argent à des chefs corrompus. « *Sache aussi qu'ici, selon mon entourage, j'ai perdu ma réputation d'individu objectif à force de garder un optimisme sans fondement malgré la réalité de la situation. Je peux t'assurer que, si je n'étais pas là, ce beau rêve se serait totalement désintégré au milieu du chaos général.* » En novembre, l'armée gouvernementale et les mercenaires belges lancent une offensive à laquelle il devient vite clair que les guérilleros ne pourront résister. Les dirigeants congolais du mouvement de libération décident de cesser le combat. À contrecœur, Che se résout à faire de même et à retraverser le lac Tanganyika pour regagner la Tanzanie. « *L'idée d'abandonner définitivement le terrain et de nous en aller comme nous étions venus, en abandonnant des paysans sans défense et des hommes armés mais également vulnérables vu leurs faibles capacités à se battre, des hommes vaincus avec le sentiment d'avoir été trahis, me faisait terriblement mal* [...]. *La façon dont les Congolais voyaient l'évacuation me paraissait insultante pour nous. Notre retraite n'était qu'une simple fuite et, pis encore, nous étions complices de duperie envers ceux qui restaient. D'un autre côté, qui étais-je, moi, maintenant ? J'avais l'impression qu'après ma lettre d'adieu à Fidel, les camarades commençaient à me voir comme un homme d'une autre latitude, quelque peu éloigné des problèmes concrets de Cuba, et je n'osais pas exiger d'eux le sacrifice final de rester.* »

Le 21 novembre 1965, cent vingt Cubains, une quarantaine de Congolais et le Che lui-même abandonnent l'ultime camp de guérilla, embarquent dans trois esquifs pleins à ras bord et traversent le lac vers la Tanzanie. Ils doivent laisser derrière eux une foule de civils et les exposer aux représailles des troupes belges qui les talonnent. « *Commence alors,* raconte le Che, *un spectacle douloureux, pitoyable et sans gloire. J'ai dû repousser les hommes qui me suppliaient de les emmener. Il n'y a pas eu la moindre trace de grandeur dans cette retraite, ni le moindre geste de révolte* [...]. *Nous avons traversé le lac sans problèmes malgré la lenteur des canots et, en plein jour, nous sommes arrivés à Kigoma. On aurait dit qu'un couvercle venait de sauter. L'exaltation des Cubains et des Congolais débordait des petits canots comme un liquide bouillant qui me brûlait sans que je cède à la contagion. Durant ces dernières heures que j'ai passées au Congo, je me suis senti seul comme jamais je ne l'avais été, ni à Cuba ni nulle part ailleurs, tout au long de mon pèlerinage à travers le monde. Je pouvais dire : "Jamais comme aujourd'hui je n'avais à ce point ressenti combien mon chemin était solitaire."* »

Victor Drake se souvient également de ces moments émouvants où, depuis son embarcation, Che s'est adressé aux Cubains : « *Camarades,* nous a-t-il dit, *le moment de nous séparer pour les raisons que vous connaissez est venu. Je ne débarquerai pas avec vous, nous devons éviter toute espèce de provocation. Le combat que nous venons de mener a été une grande expérience, j'espère que malgré les difficultés que nous avons vécues, si Fidel vous propose un jour une autre mission dans ce genre, certains parmi vous sauront répondre présent. J'espère aussi que si vous arrivez à temps pour le 24 décembre, lorsque vous serez en train de manger le cochon de lait de Noël dont vous avez tellement envie, vous vous souviendrez de ce peuple humble, et des camarades que nous avons laissés au Congo. Seul celui qui est prêt à quitter son confort pour aller lutter dans un autre pays mérite le nom de révolutionnaire. Peut-être nous reverrons-nous à Cuba ou ailleurs sur cette planète...* » Ces derniers mots résonnent déjà de la future lutte bolivienne. Un autre compagnon d'armes du Che, Harry Villegas – dit Pombo –, actuellement haut responsable de l'armée cubaine, donne sa version de la mission africaine : « *La difficulté venait de notre méconnaissance de la vie et des habitudes congolaises. En réalité, la présence du Che là-bas était une sorte de répétition en attendant de pouvoir mener la guérilla en Amérique latine, en particulier en Argentine, chez lui. Mais il n'a pas voulu quitter le continent africain avant de recevoir la demande écrite de se retirer. Il disait qu'ainsi le prestige de Cuba serait sauf. Il est vrai aussi qu'à la suite de la conférence d'Addis-Abeba, les leaders africains avaient décidé de ne plus appuyer le mouvement révolutionnaire qu'entraînait le Che. Nous sommes partis précipitamment d'Afrique. À Dar es-Salaam nous nous sommes séparés pour gagner Prague, deux par deux, le Che est resté en Tchécoslovaquie assez longtemps, finalement Fidel a réussi à le convaincre de revenir clandestinement à Cuba.* »

En réalité, Che dans un premier temps refuse de quitter la Tanzanie ; il n'a pas oublié que Castro a lu sa lettre d'adieu en public et se drape dans son orgueil blessé, au grand dam du *lider maximo* qui raille avec cynisme son attitude mais trouve un moyen terme en le faisant conduire à Prague où les Cubains possèdent de solides relais.

Che passe par l'Allemagne de l'Est avant d'arriver en Tchécoslovaquie. Là, il reste quatre mois durant lesquels il s'ennuie et ressasse son échec africain : « *J'ai appris au Congo !... Il y a des erreurs que je ne ferai plus. Peut-être en répéterai-je d'autres, en commettrai-je de nouvelles aussi. J'en suis sorti avec plus de foi que jamais dans la guérilla. Mais nous avons échoué. Ma responsabilité est grande. Je n'oublierai ni la défaite ni ses précieux enseignements.* »

Il rédige ses *Carnets de Prague* dont, jusqu'à aujourd'hui, il ne filtrera que quelques bribes, et ne se décide à rentrer à Cuba qu'après une nouvelle et forte insistance de Fidel qui craint que cet homme « incontrôlable » ne fasse encore des siennes... Mais entre-temps, il retravaille à son projet : aller créer en Bolivie – porte de l'Argentine – un foyer, une base d'entraînement et de formation pour guérilleros. Sa première attitude est de tout régler à partir de son pays d'exil, mais les difficultés sont trop importantes. Il accepte donc de retourner à Cuba, près de quinze mois après avoir quitté l'île, comme il en était parti, incognito, grimé, le temps de reprendre quelques forces, de revoir sa femme Aleida et ses enfants, et de préparer de nouveaux projets car, pour lui, plus question de rester dans un pays auquel il a dit adieu. Son ambition se tourne désormais vers l'Amérique latine, n'étant pas cubain, il ne peut se satisfaire de n'avoir libéré de l'impérialisme qu'un seul pays de ce continent. Che caresse l'ambition d'être à l'origine de la libération de tout le continent. Sa fille Aleidita a cinq ans lorsqu'un prétendu inconnu qu'elle ignorait être son père l'a prise pour la dernière fois dans ses bras...

« *J'avais en effet à peine cinq ans quand j'ai vu le vieux Ramon* [pseudonyme du Che pour son départ en Bolivie] *pour la dernière fois. Ce jour-là fut une des occasions qui me confirmèrent qu'il nous aimait. Je me souviens qu'après avoir dîné rapidement, je suis tombée en jouant et j'ai pris un coup sur la tête contre une table de marbre rose. Il m'a prise dans ses bras d'une manière si tendre qu'après je n'ai pu m'empêcher de dire en secret à ma mère... "Mami, je crois que ce monsieur est amoureux de moi !" Au cours de ce dîner, ma mère a demandé à mon père de ne pas se comporter comme d'habitude devant moi. En effet, je connaissais ses plus petites manies : son goût du café amer, son habitude de mélanger le vin rouge avec de l'eau minérale... Maintenant je me rends compte que ma mémoire ne pouvait pas être si vaste. C'était maman qui, d'une certaine manière, entretenait en nous l'image de notre père comme s'il était présent. Nous avons appris à être les enfants de quelqu'un de très spécial, capable de sacrifier le plus précieux de lui-même pour le bien-être d'autres hommes. J'ai eu la chance de pouvoir lui substituer la présence de Fidel. Très tôt, mes relations avec Fidel durant mon enfance furent très belles... "Mes deux pères", comme je l'écris dans un poème.* »

Dès la disparition du Che, Fidel, comme il l'avait promis à son compagnon, s'occupe de sa famille comme si elle était la sienne. Elle ne manque de rien, est logée dans les meilleurs quartiers et fait partie de la « nomenclatura ». De tous les enfants, choyés par la Révolution, Aleidita est la préférée de Fidel qui lui offre toujours des cadeaux pour ses fêtes et ses anniversaires.

« *À quatorze ans, j'ai eu un tel besoin de connaître des choses sur mes parents que j'ai volé la clé du bureau de mon père et, durant plusieurs jours, je suis venue fouiner dans tous les papiers qui s'y trouvaient. J'ai pu lire de nombreuses lettres personnelles de mon père à ma mère. J'identifiai son écriture immédiatement car elle ressemblait à la mienne. Il lui écrivait avec tendresse et amour. En particulier, je me souviens d'une carte postale qui disait : "Un de ces jours nous passerons sous ce pont, la main dans la main, environnés de cris d'enfants..." Il y avait aussi un autre fragment de lettre, apparemment écrit très rapidement, sur lequel il disait : "Je ne veux pas que tu m'attendes. Continue à servir le café dans ma tasse et qu'un autre homme le boive à ma place." Cela m'impressionna. Je compris combien il aimait maman. Ma sœur Hilda me disait qu'au début, elle avait eu tendance à comparer tous les hommes à l'envergure de notre père. Avec la maturité, j'ai compris que tous les hommes ne sont pas les mêmes et qu'il ne fallait pas les comparer. Je reste convaincue que si le Che, mon père, était encore en vie, il ne serait pas aujourd'hui à Cuba, mais plutôt dans une quelconque partie du monde à faire naître des révolutions sociales. Son vrai message fut : espérer toujours... Je m'en rends compte lorsque je parle avec des enfants qui me posent des questions sur lui ou lorsque je fredonne un air argentin qui dit : "Si je meurs, ne pleure pas sur moi. Fais ce que je te dis et je continuerai à vivre en toi...".* »

Dans un premier mouvement, lorsque Che apprend qu'une junte militaire vient de faire un putsch et de s'installer au pouvoir à Buenos Aires, l'envie le prend de créer un « foco » en Argentine, mais Fidel l'en dissuade. Si, pour le Congo, le Che avait décidé de sa destination, cette fois Fidel l'oriente vers la Bolivie. D'autant qu'à La Paz un autre général a pris le pouvoir, le général Barrientos. Ce sera donc les Andes boliviennes en attendant de se retourner vers l'Argentine. Pour Castro, le calcul est simple : soit l'opération bolivienne est une réussite et c'est tout bénéfice pour lui et la Révolution cubaine – qui fera un autre pied de nez aux yankees –, soit c'est un nouvel échec comme au Congo et cela ne pourra être imputé qu'au fougueux Guevara qui a d'ailleurs disparu de sa propre initiative et officiellement de Cuba...

Va donc pour la Bolivie. Mais Che ne possède pas vraiment les bonnes données : on lui impose l'endroit précis où doit se dérouler la mission et on le laisse croire que le Parti communiste bolivien l'appuiera sans faille.

Le 3 novembre 1966, un certain Adolfo Mena Gonzalez se présente à l'aéroport de La Paz. Selon ses papiers il est technicien agricole uruguayen, chauve, moustachu et myope derrière des lunettes à verres épais. Il passe la douane et gagne la forêt vierge de Nancahuazu, près de la frontière du Paraguay, au bout du monde ! Il prend le maquis, rejoint par quelques dizaines de guérilleros cubains, boliviens, des anciens du Congo et des Péruviens. Une femme les accompagne, elle s'appelle Haydée Tamara Bunque Videl, dite Tania. Elle est argentine comme le Che mais de parents allemands. Ils se seraient connus en 1962 à Cuba où elle était venue s'engager pour la campagne d'alphabétisation. Ont-ils eu une aventure en RDA ? Certains l'attestent. Pour l'heure, elle prépare le terrain en Bolivie et sera une excellente alliée jusqu'à sa mort.

Autre recrue surprenante : un jeune Français répondant au nom de Régis Debray, ancien de Normale sup et protégé de Fidel Castro. Il s'est engagé par conviction mais sans rien connaître de l'âpreté de la guérilla. Son nom de code est « Danton ». Plus tard, il écrira du Che : « *Il semblait mettre la discipline à nu, sans fioritures ni relations personnelles. Y a-t-il un charisme de la distance ?* » Debray dira aussi du Che : « *Il prenait un malin plaisir à faire pleurer, de rage, d'humiliation, d'énervement. Le commandant Pinarés (alias Sanchez en Bolivie) m'avait demandé de lui dire qu'il n'en pouvait plus, que c'était insupportable... C'était inconscient de la part du Che, quelque chose de névrotique. Pour faire craquer des hommes comme ça, qui étaient des durs de dur, des gars qui avaient tout donné, il en fallait des sarcasmes... À la différence de Fidel, le Che n'avait aucune psychologie, au sens de comprendre l'autre, d'entrer dans les problèmes quotidiens de l'autre... Il était altruiste pour l'humanité mais pas pour son voisin immédiat. On a vraiment la structure du sectaire parfait, comme pouvaient l'être saint Dominique, les saints et les martyrs chrétiens. Tous les fondateurs de religions sont comme ça...* »

Réponse du Che à Debray : « *On fait ce que l'on peut avec ses handicaps... Je suis argentin, égaré chez les tropicaux. Ça m'a été difficile de m'ouvrir et je n'ai pas les mêmes dons que Fidel pour communiquer. Il me reste le silence. Si les gens ne m'aiment pas de prime abord, au moins me respectent-ils parce que je suis différent et vrai...* »

Ces traits de caractère n'ont pas aidé Che à développer autour de lui un climat de confiance parmi les responsables cubains de l'époque, même Roa Kouri, pourtant admiratif du personnage, laisse filtrer un sentiment mitigé : « *Ceux qui décrivent le Che comme romantique et don quichottesque* [des traits qui furent aussi les siens] *se lamentèrent de sa dureté lorsqu'il s'est agi de punir traîtres et espions et aussi ceux qui méritaient la peine capitale. C'est vrai qu'en de telles occasions, il n'a pas hésité à appliquer la sanction correspondante. Le commandant Ernesto Guevara fut un révolutionnaire authentique, il ne fut ni prophète ni saint, mais défendait une conception scientifique du monde. Il considérait avec raison que l'impérialisme – en particulier celui des USA – était le pire ennemi de l'humanité et que les peuples devaient lutter jusqu'à son élimination de la surface de la terre. C'est ce qu'il voulait, précisément, quand il nous a proposé de créer "deux, trois, plusieurs Viêtnam". La Bolivie devait être un nouveau point de départ pour la libération de notre Amérique. La lutte sur notre continent était faite, en plus, pour distraire les forces impérialistes et aider ainsi sa déroute dans le Sud-Est asiatique. Ce fut son message le plus clair.* »

Le groupe de guérilleros s'installe dans un campement près de Camiri, au sud-est de La Paz. Durant les premiers jours, ils cachent des armes, des vivres, des médicaments et un poste émetteur. Che, lui, met de côté des livres de Mao, Trotski mais également des poèmes de Léon Felipe. La petite troupe prend ses marques et établit les premiers contacts. Tout de suite Guevara se rend compte de l'état de misère de la zone choisie comme théâtre des opérations : une terre aride, dépeuplée avec très peu de cultures et de troupeaux ; y trouver de la nourriture tient du miracle. Les nuits sont humides et froides et la zone facilement contrôlable par l'armée régulière. « *De plus le recrutement a été lamentable,* se souvient l'un des survivants, Dariel Alarcon Ramirez dit Benigno, ancien compagnon du Che dans la Sierra Maestra. *Il y avait des gens inaptes au combat et même un dément qui, après plusieurs mois de guérilla ponctuée de déplacements et de combats réels, me demandait encore quand on en aurait terminé avec l'instruction...* » Rapidement la radio tombe en panne. Che reçoit bien des messages de « Manila », nom de code de La Havane, mais il ne peut émettre. Cette fois, les paysans boliviens sont méfiants et même hostiles. Certains n'hésitent pas à renseigner les rangers de l'armée du président Barrientos même si les guérilleros tentent de les convaincre de leur juste cause, de leur faire comprendre qu'ils sont là pour les aider à sortir de leur misère. Erreur d'appréciation, ces paysans n'ont rien à voir avec ceux de la Sierra Maestra, ils viennent de bénéficier des avantages d'une réforme agraire récente et sont moins dans la détresse que l'étaient les Cubains. En réalité ce sont les mineurs boliviens que les guérilleros auraient dû aider. Eux étaient aux abois et sans doute prêts à prendre les armes contre le régime bolivien. Dans son journal qu'il commence le 7 novembre 1966, Che souligne : « *Le manque d'engagement de la part des paysans se fait sentir. C'est un cercle vicieux : pour que nous puissions amener les paysans à s'engager, il faut exercer notre action de façon permanente sur un terrain habité et pour cela nous avons besoin de plus d'hommes.* [...] *L'armée continue à être nulle en ce qui concerne sa tâche militaire mais elle est en train de faire, auprès des paysans, un travail auquel nous devons faire attention car elle transforme en mouchards tous les membres d'une communauté, soit par la peur, soit parce qu'elle les trompe sur nos buts.* »

Après plusieurs semaines à reconnaître le terrain et à préparer, dans des conditions climatiques harassantes, les campements et les caches, la colonne est accrochée en mars 1966 par l'armée. La base des guérilleros est découverte, Che doit commencer les opérations dès le printemps, sans doute trop tôt. Les premières embuscades sont victorieuses mais confirment la présence de rebelles en Bolivie. Peu de temps auparavant, la mort accidentelle de l'un des leurs assombrit le moral de la petite troupe. « *Benjamin était resté en arrière, ayant eu des difficultés avec son sac à dos et étant épuisé physiquement ; quand il nous a rejoints, je lui ai donné l'ordre de continuer, ce qu'il a fait. Après cinquante mètres, il a manqué sa prise et puis est tombé à l'eau. Il ne savait pas nager [...]. Au bout de cinq minutes nous avons perdu tout espoir. C'était un garçon faible et malhabile, avec une grande volonté de vaincre, l'épreuve a été plus forte que lui, son physique ne l'a pas aidé et nous avons maintenant notre baptême de la mort au bord du Rio Grande et de façon absurde.* »

Ensuite, deux déserteurs sont capturés et parlent. La Paz tient le nom du chef de la guérilla : Ramon. La découverte d'une photo du Che sans barbe dans l'un des campements le trahit, ainsi que des photos de Tania qui sera très vite arrêtée et exécutée. La troupe se trouve désorganisée mais en première ligne. Cinq mille Boliviens sont sur le pied de guerre, aidés par des agents de la CIA envoyés spécialement par Washington. Ils cherchent le Che. Le 21 juin dans son journal, celui-ci consigne : « *Me voici arrivé à trente-neuf ans et je vais inexorablement vers un âge qui me donne à réfléchir sur mon avenir de guérillero. Pour l'instant je le suis tout entier. L'asthme commence à me menacer sérieusement et il reste très peu de réserves de médicaments.* »

Le 31 décembre 1966, Che rencontre Mario Monje, le numéro un du Parti communiste bolivien qui, en principe, vient lui apporter aide et soutien. La rencontre se déroule sans que les deux hommes parviennent à se mettre d'accord. Monje, parmi ses exigences, réclame la direction de la guérilla, ce que refusent catégoriquement le Che et ses compagnons. Le dialogue est rompu. Dans son journal le Che observe : *« J'ai l'impression qu'il s'est accroché à cette exigence pour forcer la rupture ! »* Le PC bolivien n'apportera aucune aide à la guérilla du Che et les conséquences vont s'avérer désastreuses. « *Je lui ai souhaité bonne chance,* confirme Monje, *mais je lui ai précisé que je n'étais pas d'accord avec sa stratégie. "Je respecte ton choix, ai-je ajouté, mais tu en seras victime. Je vais quitter la direction du parti, comme cela tu ne seras pas gêné."* » En fait, Monje ne quitte pas le PCB et ne tente même pas de convaincre les membres de son parti d'aider la guérilla. Bien au contraire, il coupe avec elle toute communication et laisse le Che et ses hommes livrés à eux-mêmes.

Le Parti communiste bolivien, aux ordres de Moscou, lâche un homme qui n'a jamais rien voulu céder de ses prérogatives. Il a toujours entendu rester le chef de la guérilla et le meneur de jeu contre l'avis de Mario Monje. À ce propos, les souvenirs d'Orlando Borrego sont divergents : « *Lorsque le Che est arrivé en Bolivie, il a demandé à Monje de passer sous ses ordres. Celui-ci a refusé catégoriquement alors Che lui a rétorqué : "Si la guérilla se déroulait en Argentine et que Fidel m'ait demandé le commandement, j'aurais immédiatement accepté."* » Alors qui a voulu imposé sa prédominance ? En lisant attentivement les cahiers du Che, il semble que celui-ci a été le premier à vouloir s'imposer mais que Monje a tenté de retourner la situation et a ainsi brisé toute possibilité d'entente.

Les communications sont coupées. Il faut marcher durant des centaines de kilomètres dans un pays hostile. La souricière se referme lentement sur les rebelles. Che voit ses meilleurs hommes tomber les uns après les autres. « Danton » *alias* Régis Debray est fait prisonnier avec le rebelle argentin Ciro Bustos au moment où ils arrivent dans le petit village de Mayupampa bourré de soldats boliviens. Che avait, semble-t-il, préféré que le Français aide son mouvement de l'extérieur.

« *La seule présence de Debray sur place,* explique Félix Rodriguez, *Américain d'origine cubaine et agent de la CIA, suffisait à établir un lien avec Cuba...* »

Les Boliviens se mettent à « cuisiner » leurs deux prisonniers. Le Français explique être un journaliste mais ne lâche rien, semble-t-il, sur la présence du Che. Plusieurs semaines plus tard, face à des informations d'une précision telle, Debray confirme qu'il a vu le rebelle... le 12 mai 1967. « *Puisque tout leur était désormais connu, je décidai de confirmer les évidences, rien de plus. Oui, j'avais menti, j'avais bien vu le Che et c'était pour une interview.* » En revanche, Bustos, que l'on menace de s'en prendre à sa femme et à sa fille, paraît craquer au bout de deux jours de détention et avoue tout : la présence du Che, son pseudonyme Ramon, la guérilla, ses caches secrètes et va même jusqu'à dessiner avec précision le portrait de dix-huit rebelles. Les faits semblent avérés, même si plusieurs années après Bustos essaiera, indirectement, de faire porter le chapeau à Debray...

L'affaire fait grand bruit et les journaux du monde entier dirigent leurs projecteurs sur la Bolivie et sur ce que l'on appellera « l'affaire Debray »... « *Le battage de l'affaire Debray, écrira le Che, a donné plus de valeur guerrière à notre mouvement que dix combats victorieux.* »

Tout en niant, dans un premier temps, que le guérillero cubain est bien sur son sol, l'armée bolivienne mobilise troupes aéroportées et soldats d'élite. En août, l'armée investit un campement de repli, de nouveaux documents sont saisis ainsi que des médicaments. Le 7 août, Che note : « *Anselmo, le vieux cheval, est mort aujourd'hui et il ne nous en reste plus qu'un pour porter les charges. Mon asthme ne s'améliore pas et les médicaments s'épuisent. Aujourd'hui il y a exactement neuf mois que nous sommes arrivés ici et que la guérilla s'est constituée. Des six premiers, deux sont morts, un est porté disparu et deux sont blessés.* » À la fin de ce mois, alors qu'elle traverse le Rio Grande, l'arrière-garde de la colonne tombe dans une embuscade tendue par les Boliviens. Un homme est fait prisonnier. Il parle. Suit la capture, par l'armée régulière, d'un autre groupe de révolutionnaires. Ne restent plus que les hommes regroupés autour de Guevara. « *D'après la radio, Barrientos affirme que je suis mort depuis longtemps,* écrit-il le 9 septembre, *et que tout ça c'est de la propagande. Et ce soir, ils offrent 50000 pesos pour les renseignements qui permettraient de me capturer mort ou vif.* » Conseillée par des professionnels nord-américains, l'armée bloque les entrées et sorties du ravin du Yuro. « *La tâche la plus importante,* note le Che le 27 septembre, *est de s'enfuir et de chercher des zones plus propices, ensuite des contacts, bien que le réseau soit démantelé à La Paz où nous avons été durement frappés.* »

Dariel Alarcon Ramirez, dit Benigno, partage avec le Che ces moments de doute : « *En Bolivie, j'ai comme beaucoup d'autres critiqué le Che, sans doute parce qu'il ne nous avait pas assez fait confiance. Qu'il ne nous a pas fait part des douleurs qu'il portait en lui. Par exemple, lorsque nous avons compris que nous étions abandonnés, dans notre petit groupe de Cubains, nous avons commencé à parler entre nous, en cachette du Che, et on disait : "Cuba nous a abandonnés, on veut se débarrasser de nous... Pourquoi ? Parce que nous suivons le Che ?" Celui-ci nous entendait parfois et nous nous taisions alors car il pouvait être très dur. Il a toujours voulu nous inculquer la foi dans la Révolution, l'amour et le respect pour Fidel Castro. À chaque fois que nous formulions une critique sur Fidel ou sur le gouvernement, jamais il n'a accepté de nous écouter, de partager notre discussion, même pas d'en débattre. Le Che était conscient de ce qu'il faisait et je crois qu'il y avait été obligé. Il savait les divergences qui existaient entre Fidel et lui, mais nous ne les connaissions pas. Lorsque nous sommes arrivés en Bolivie, le Che nous disait que la lutte durerait au moins dix à quinze ans, mais nous pensions qu'il exagérait. Car avec les aides et les contacts sur lesquels nous comptions, il n'était pas possible que nous luttions si longtemps. D'ailleurs, au moment de quitter Cuba pour prendre le maquis, nous étions persuadés que ceux qui nous attendaient nous permettraient de bâtir une logistique pour lancer la lutte. Mais, environ un mois et demi avant la fin de l'entraînement, nous avons vu arriver des fonctionnaires qui ont informé le Che du changement de terrain choisi. Nous n'avions plus le temps d'étudier la nouvelle zone d'opérations. Le Che savait qu'il était indispensable de débarquer sur un terrain non repérable par la CIA, or on nous indiqua la région de Nancahuazu. Une zone frontalière avec l'Argentine, non agricole et sans voie de communication. On nous l'a imposée, tout en nous assurant que la logistique était en place. Il y avait à l'époque plus de dix mouvements insurrectionnels, au Chili, en Argentine, au Pérou, au Brésil, qui n'attendaient qu'un signe pour agir. Un signe qui n'est jamais venu. Personne n'a dit que Che Guevara avait besoin d'aide, or le gouvernement cubain savait depuis le début que nous ne pouvions pas communiquer. Sur place, j'ai constaté que Che avait changé, qu'il se livrait à la méditation, replié sur lui-même, introverti, refusant de nous parler de questions stratégiques. Je me suis alors rendu compte que Che ne voulait pas que nous ressentions la même douleur que lui. C'est ce que j'ai compris, avec le recul des années...* »

Le paysage est aride, austère. Le maïs et les pommes de terre ont du mal à pousser au milieu de tas de cailloux. Les maisons de paille et de terre respirent toujours la misère et les paysans qui y vivent ont la langue paralysée par la peur. « *Selon notre analyse,* raconte Ruben Sanchez, un ancien officier bolivien, *Guevara avait perdu la partie depuis le début. Nous savions qu'il n'obtiendrait pas l'appui de la population. En 1967, la réforme agraire, ici, était déjà réalisée. Le paysan se sentait propriétaire de la terre et, malgré la dureté de ses conditions de vie, il n'était pas assez motivé pour livrer combat...* »

Le 7 octobre 1967, pour la dernière fois, Ernesto Che Guevara de la Serna inscrit comme à son habitude quelques lignes dans son journal : *« Les onze mois depuis lesquels nous avons commencé la guérilla se sont terminés sans complication, bucoliquement, jusqu'à 12 h 30, heure à laquelle une vieille est venue garder ses chèvres dans le canyon où nous campions et nous avons dû la faire prisonnière. La femme ne nous a donné aucune nouvelle digne de foi concernant les soldats* [...]. *À 17 h 30, Inti, Anecito et Pablito ont été chez la vieille qui a une fille goitreuse et une autre à moitié naine. On leur a donné 50 pesos en leur demandant de ne pas dire un mot, mais sans beaucoup d'espoir qu'elles tiennent leur promesse* [...]. *Nous sommes partis à 17 heures avec un faible clair de lune et la marche a été très pénible. Nous avons laissé beaucoup de traces dans le canyon où nous étions et il n'y a pas de maisons proches, mais il y a des champs de pommes de terre irrigués par des canaux venant du torrent. L'armée a donné une information bizarre au sujet de la présence de deux cent cinquante hommes à Serrano qui doivent empêcher le passage des guérilleros encerclés, au nombre de trente-sept, et a situé la zone où nous sommes réfugiés entre l'Acero et l'Oro. La nouvelle a l'air de vouloir être une diversion. »*

L'agenda ne contient pas d'autres confessions du Che. Le lendemain, le 8 octobre 1967, Che et ses dix-sept compagnons cherchent un passage entre les deux versants du Yuro, les soldats boliviens sont à leurs trousses. La veille, un paysan a dénoncé la colonne. Sur les vallons pelés, les rangers boliviens ont pris position, tandis que les guérilleros se cachent pour attendre la nuit dans l'espoir de s'échapper. Un peu après midi, le combat commence. Che se protège derrière le tronc d'une grande tipa. Anecito est le premier à vouloir forcer le barrage, il est tué sur le coup. Che refuse d'abandonner el Chino, un Péruvien blessé, il est lui-même blessé au mollet droit. Benigno, malgré deux balles dans le corps, réussit à s'échapper en compagnie de cinq autres survivants. Le capitaine bolivien Gary Prado aperçoit une silhouette grimpant péniblement le long d'une faille ; l'homme en guenilles porte un fusil en bandoulière et soutient un autre homme qui boite et suffoque. Le Bolivien leur demande leur identité. « *Je suis Che* », répond le plus valide. Le capitaine Prado a du mal à croire qu'il tient à portée de son arme l'homme que toute l'armée recherche. Il le prie tout de même de s'asseoir après l'avoir désarmé et envoie prévenir ses supérieurs.

Che porte son béret, une veste bleu foncé à capuche et une chemise très sale, ouverte sur la poitrine. Tous les boutons ont disparu. À la nuit tombée, les deux guérilleros descendent sous bonne escorte au village de La Higuera. On les sépare. Che est enfermé dans l'école du village, loin de son compagnon. Gary Prado Salmon est reparti à la chasse des autres guérilleros. Cinq seulement parviendront à s'enfuir. Tous les autres seront envoyés à Vallegrande dans des sacs. Le lendemain ils seront exécutés. Sur ordre de la présidence à La Paz.

Le 9 octobre, arrivent à La Higuera plusieurs officiers et l'agent de la CIA, Félix Rodriguez. Celui-ci s'intéresse particulièrement aux carnets du Che. Il les photographie soigneusement avant de les emporter. « *Le Che était détenu sur le sol de terre battue d'une petite école*, confirme-t-il. *J'ai commencé à aller et venir entre l'école et l'extérieur, où j'avais sorti une table pour photographier au soleil tous les papiers du Che, son journal et son carnet. On est venu me chercher pour que je prenne un appel téléphonique. C'était un message des forces boliviennes qui demandaient que l'on mette en oeuvre l'opération 500 et 600. 500 désignait le Che, 600 voulait dire "mort". J'ai demandé la confirmation. C'était bien ça.* » La radio bolivienne avait déjà annoncé la mort de Guevara, prétendument des suites de ses blessures. « *Les autorités boliviennes n'ont pris aucun risque, poursuit Rodriguez. Je suis allé voir le Che et lui ai dit : "Commandant, j'ai fait tout mon possible, mais j'ai reçu des ordres formels du commandement supérieur bolivien". Il a tout de suite compris. Pas un muscle n'a bougé sur son visage mais il est devenu terriblement pâle et a dit : "c'est mieux ainsi, je n'aurais pas dû me laisser capturer vivant". Je lui ai demandé s'il avait un message à transmettre. Il en avait deux : "dis à Fidel qu'il verra bientôt une Révolution triomphante en Amérique latine et dis à ma femme qu'elle se remarie et qu'elle tente d'être heureuse".* » L'agent de la CIA donne l'ordre d'exécuter le prisonnier, comme l'avaient été avant lui ses compagnons.

À 13 h 10 une rafale de M2 met fin à la vie d'Ernesto Guevara de la Serna. Il avait trente-neuf ans. Son corps est lavé par une infirmière impressionnée par ses yeux grand ouverts. On lui injecte du formol et on applique une couche de cire sur son visage pour en faire un masque. Le corps est ensuite transporté par hélicoptère à Vallegrande où on l'expose près de deux jours sur le lavoir de l'hôpital. Toute la ville défile, surprise par les yeux de ce « bandit communiste » aux allures de Christ. *« Il fallait affirmer son identité et sa défaite,* se souvient Gary Prado, le plus professionnel des chasseurs du Che. *Pas question d'exhiber, comme c'était l'usage avec les guérilleros, un visage aux traits déformés par une expression vindicative et tourmentée. »*

À La Havane, le soir du 9 octobre 1967, Severino Tutino rencontre le

« Jamais comme aujourd'hui je n'avais à ce point ressenti combien mon chemin était solitaire… »
Che Journal d'Afrique.

« L'AFRIQUE - LE CONGO - EST LE MAILLON LE PLUS FAIBLE DE LA CHAÎNE DU SYSTÈME CAPITALISTE EN CE MOMENT, C'EST DONC LE TREMPLIN DE L'AMÉRIQUE LATINE. »

Déçu par la faible combativité des Congolais, Che leur apprend à lire une carte d'état-major.

« SEUL CELUI QUI EST PRÈS À QUITTER SON CONFORT POUR ALLER LUTTER DANS UN AUTRE PAYS, MÉRITE LE NOM DE RÉVOLUTIONNAIRE. »

« D'AUTRES TERRES RÉCLAMENT LA CONTRIBUTION DE MES MODESTES EFFORTS »

La transformation
devait être
parfaite.
Les services
secrets cubains
ont donné au Che
l'apparence d'un
classique homme
d'affaires.

Fidel est venu
en visite
d'inspection.
L'opération,
décidée par Che
et acceptée par
Fidel, doit avoir
le maximum
de chances de
réussir.

Sur le vrai-faux passeport, Che s'appelle Adolfo Mena.

A gauche :
Le 3 novembre 1966, Che, méconnaissable, prend à travers le miroir de sa chambre d'hôtel Copacabana à La Paz un autoportrait.
A droite :
En route pour Nancahuazu dans les Andes boliviennes, Che devient «Ramon Benitez», un homme d'affaires urugayen afin de tromper la vigilence des policiers boliviens.

GASOLINA DIESEL

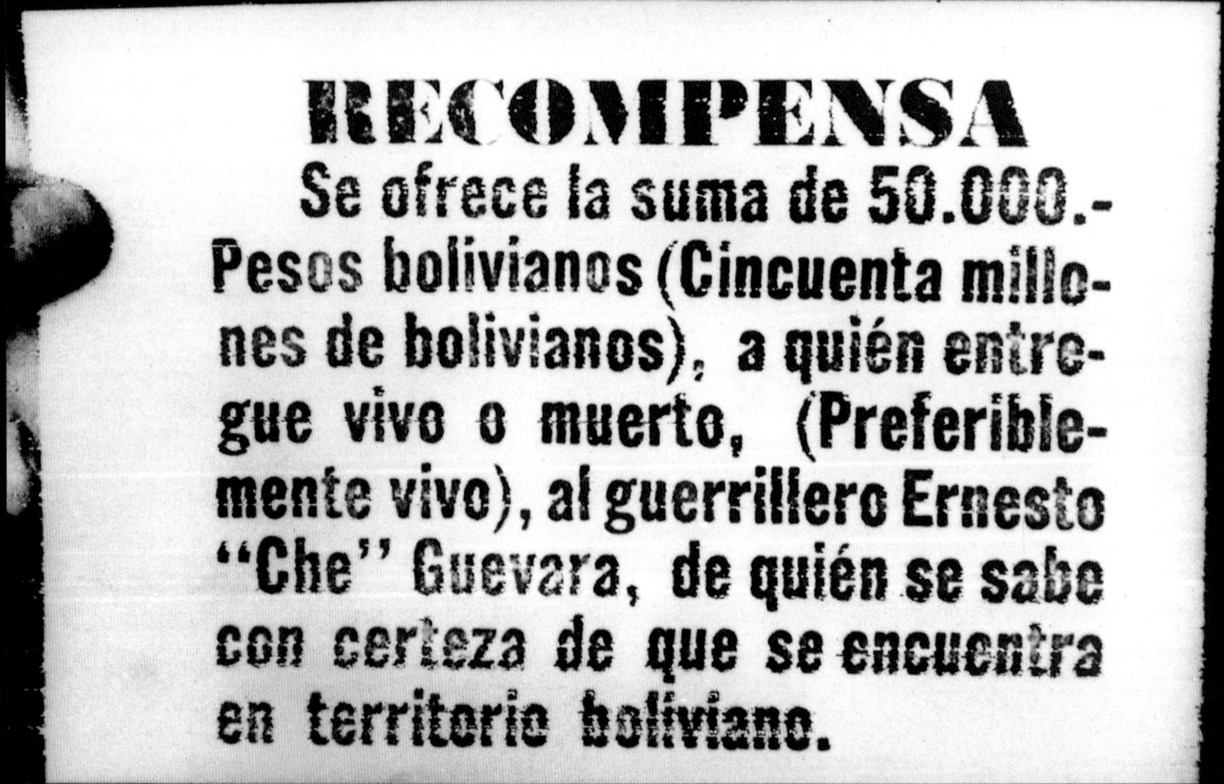

RECOMPENSA

Se ofrece la suma de 50.000.-
Pesos bolivianos (Cincuenta millones de bolivianos), a quién entregue vivo o muerto, (Preferiblemente vivo), al guerrillero Ernesto "Che" Guevara, de quién se sabe con certeza de que se encuentra en territorio boliviano.

A gauche :
Dès que la présence du Che et des guérilléros fut démontrée, les autorités boliviennes ont lancé des avis de recherche, récompensant toute information permettant la capture des rebelles.

A droite :
Che entouré des cubains qui formaient l'ossature de la troupe de rebelles en Bolivie.

Devant l'un des campements dans la jungle bolivienne, Che, qui a troqué le cigare pour la pipe, est en compagnie d'un jeune écrivain révolutionnaire français : Régis Debray (à droite).

Pris quelques mois plus tard par les soldats boliviens alors qu'il avait quitté les rebelles, Debray dans le box des accusés nie la présence du Che en Bolivie... mais l'argentin Bustos (à droite) dessine le portrait de tous les rebelles et permet ainsi à l'armée de retrouver leur trace.

Tamara Bunke (dit Tania) a pris beaucoup de photos et écrit un journal qui relata avec détails l'aventure des rebelles. Celle qui fut – dit-on – la maîtresse du Che fut abattu lors d'un guet-apens après la découverte de ses photos et de son journal.

Che a pris son
tour de garde sur
une branche.

Che en compagnie de L. Guzman, chargée d'approvisionner le groupe.

« ME VOICI ARRIVÉ À 39 ANS ET JE VAIS INÉXORABLEMENT VERS UN ÂGE QUI ME DONNE À RÉFLÉCHIR SUR MON AVENIR DE GUÉRILLÉRO... »

Che - Journel de Bolivie

Che n'y croit plus, il sait que Fidel ne l'aidera pas à sortir de ce guêpied. Il se battra jusqu'au bout.

Les dernières photo du Che vivant. L'ordre de l'exécuter vient d'arriver de La Paz. Felix Rodriguez, l'agent de la CIA, tient a être photographié à ses côtés, il savait, dit-il, que ce serait une photo historique.

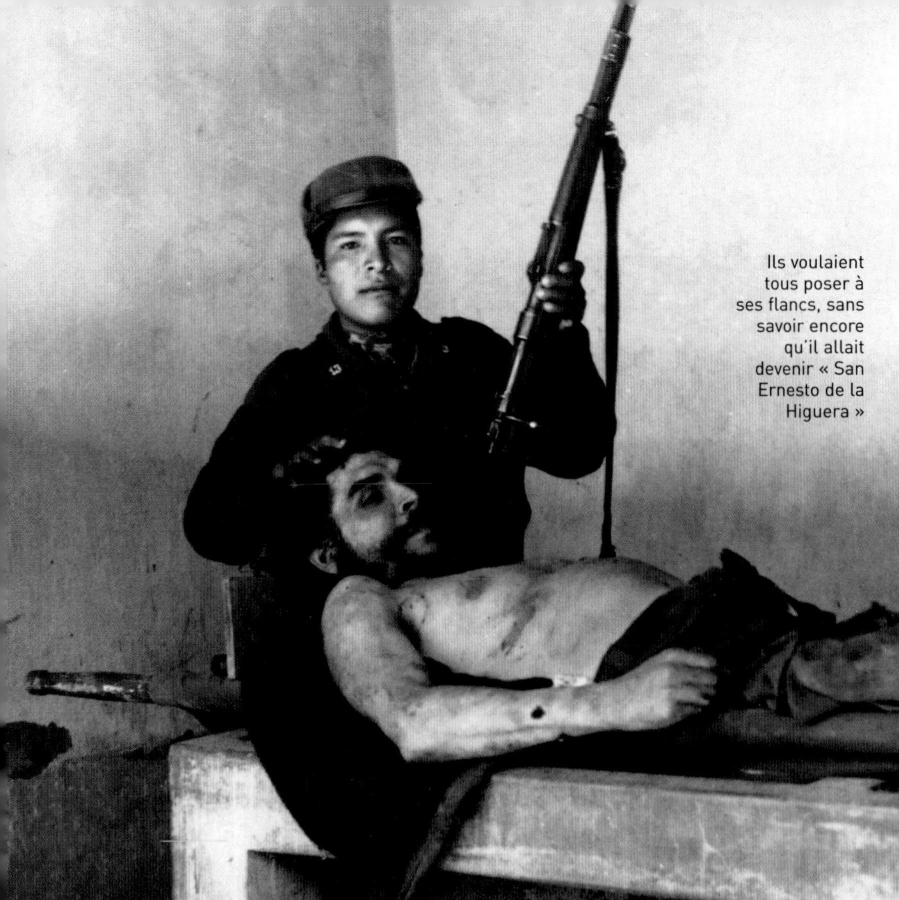

Ils voulaient tous poser à ses flancs, sans savoir encore qu'il allait devenir « San Ernesto de la Higuera »

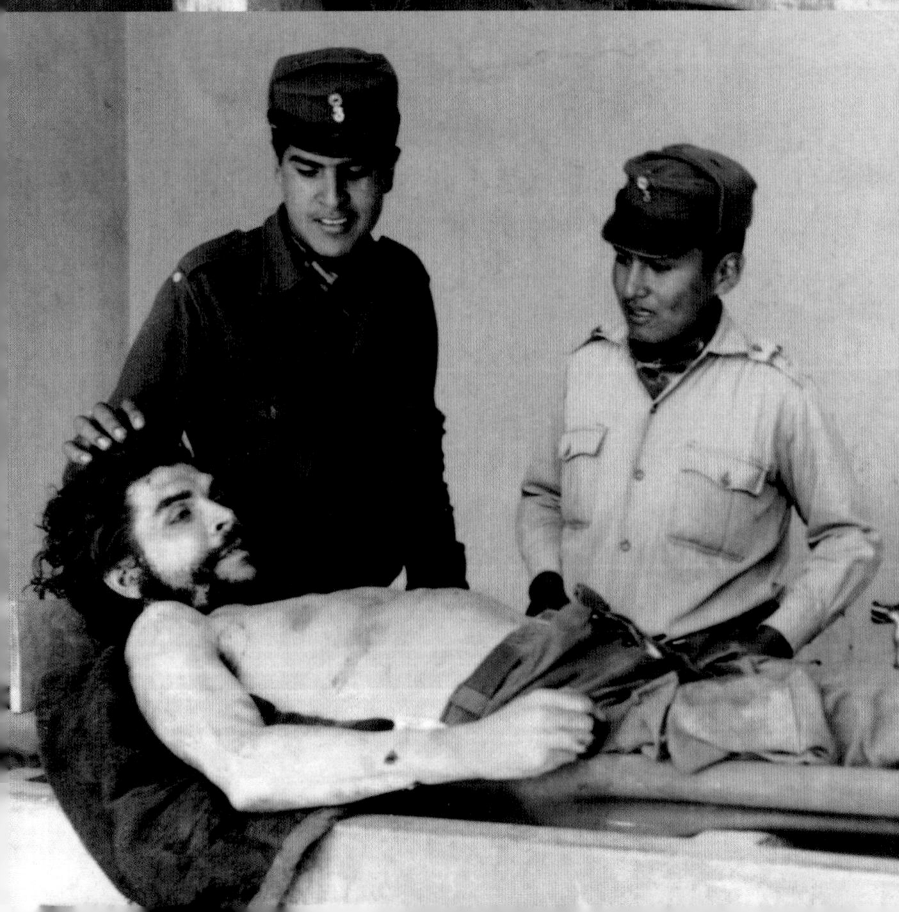

« Si je meurs, ne pleure pas sur moi. Fais ce que je te dis et je continuerai à vivre en toi. »
Complainte argentine.

13

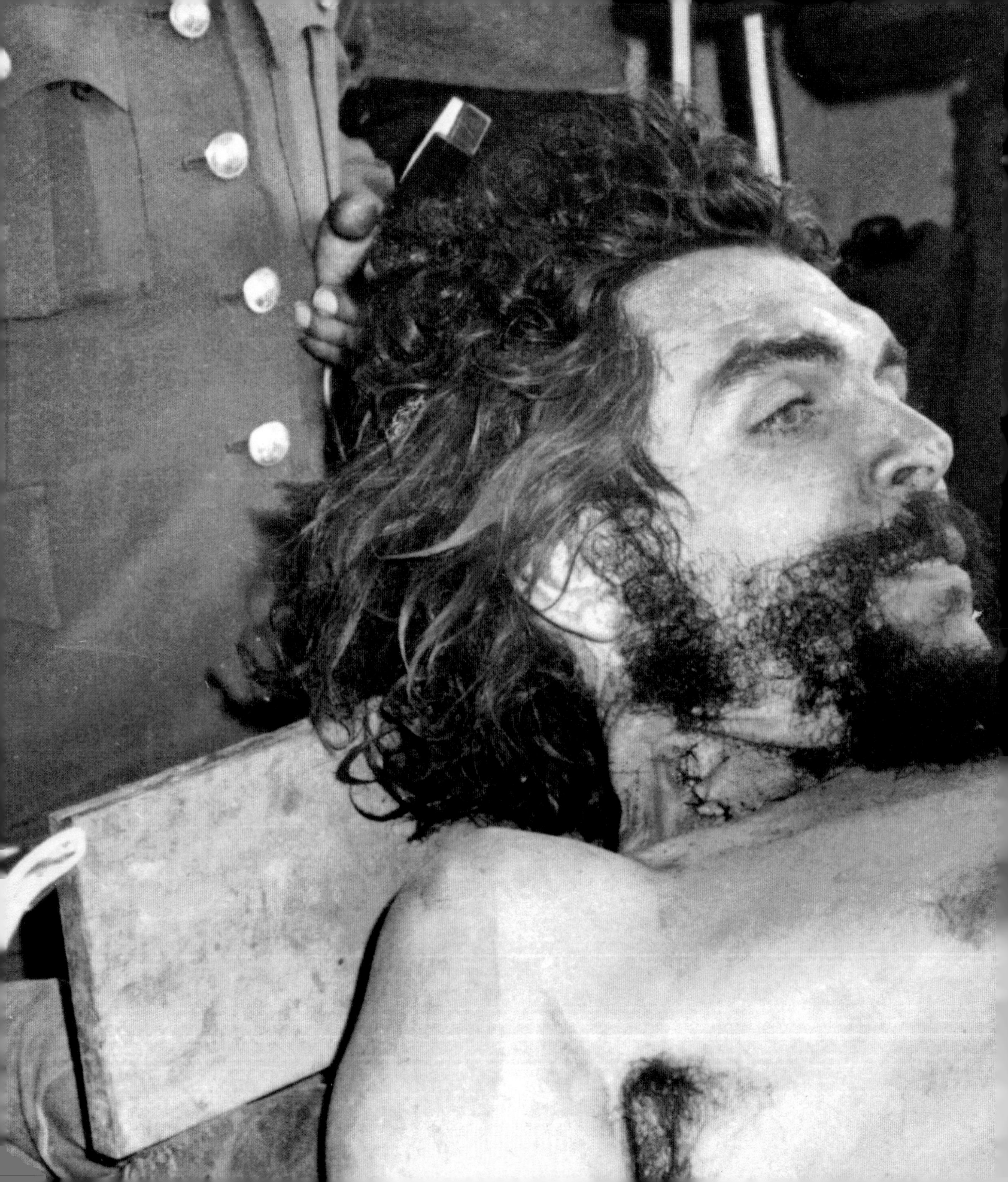

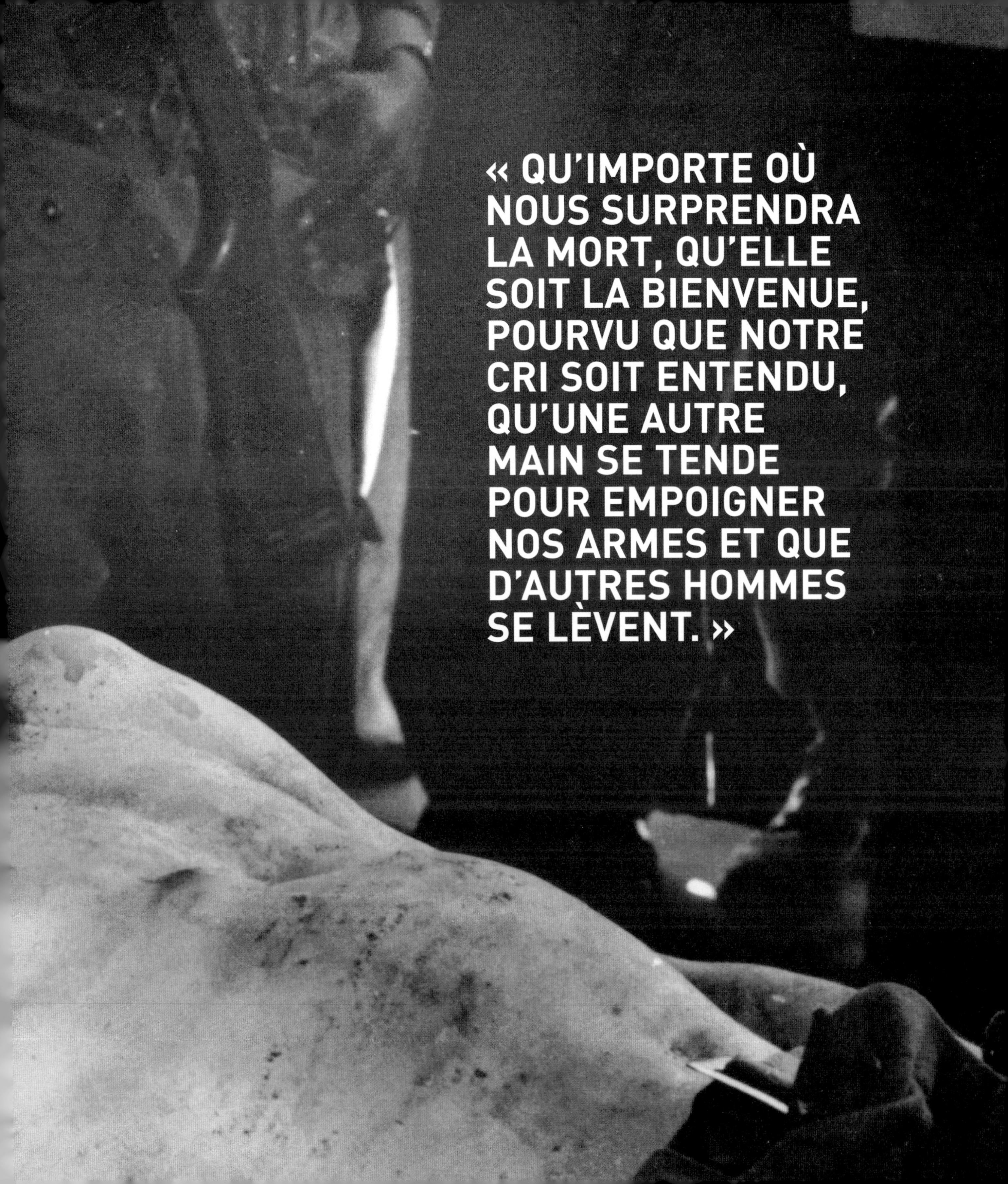

« QU'IMPORTE OÙ NOUS SURPRENDRA LA MORT, QU'ELLE SOIT LA BIENVENUE, POURVU QUE NOTRE CRI SOIT ENTENDU, QU'UNE AUTRE MAIN SE TENDE POUR EMPOIGNER NOS ARMES ET QUE D'AUTRES HOMMES SE LÈVENT. »

SAN ERNESTO DE LA HIGUERA

Afin qu'il soit formellement identifié, les mains du Che sont tranchées et envoyées pour examen avant de retourner à Cuba. Après avoir tenté de brûler le reste du cadavre, les militaires boliviens le transportent vers une destination inconnue.

« *Je me trouvais à La Paz environ un an après l'assassinat du Che,* explique Elisabeth Burgos, vénézuélienne, ancienne compagne de Régis Debray. *Antonio Arguedas – qui venait de faire parvenir le journal du Che à Fidel –, face à l'éventualité de disparaître – il venait d'être victime d'une tentative d'assassinat –, me révéla l'endroit, connu de lui seul, où il cachait les mains du Che, qu'il avait emportées avec lui avant de quitter le ministère, afin que je puisse transmettre l'information à Fidel Castro, et faire le nécessaire pour les expédier à Cuba. Les autorités militaires, dans leur hâte à faire disparaître au plus vite ce corps, dont l'image gisante diffusée par voie de presse avait déjà atteint le rang du Christ, lui avaient amputé les mains pour prendre les empreintes digitales. Ce corps ayant tant connu la douleur de son vivant, rien ne lui avait été épargné après la mort. La peau du visage semble lui avoir été arrachée par des mains malhabiles qui avaient tenté de lui faire un masque mortuaire à la cire chaude. Même le*

« Le moment critique de la vie d'un homme est celui où il prend la décision d'affronter la mort. »

Christ après sa mort avait eu l'intégrité de son corps respectée. Célia Sanchez, la face féminine de la Révolution cubaine, chargée des projets d'environnement et d'architecture, avait conçu l'idée de bâtir un mausolée pour exhiber les mains du Che... Je me suis repentie d'avoir œuvré pour que les mains parviennent à La Havane. Je considérais que ce mausolée allait pétrifier l'image du Che, qu'il deviendrait comme un vieil objet que l'on garde dans une cave ; qu'on allait lui voler sa mort, alors qu'il l'avait si bien réussie. Grâce aux bons offices d'Alfredo Guevara et à son influence sur Fidel, j'ai pu empêcher le projet, alors que Fidel l'avait déjà annoncé dans un discours. "Il s'est précipité, son départ en Bolivie était trop improvisé, j'ai essayé de le dissuader, de le convaincre de mieux se préparer, mais il n'a pas voulu m'écouter", me disait Fidel le jour même où il vint commenter avec moi les dépêches de presse qui arrivaient de Bolivie. Certains se demandent aujourd'hui si Fidel n'a pas envoyé le Che mourir en Bolivie... D'autres prétendent que l'échec est dû à l'insuffisance de l'aide cubaine. La tendance est de faire apparaître le Che en victime et de sataniser Fidel... L'Histoire retiendra ce qu'elle voudra à moins qu'un jour Fidel... »

Quoi qu'il en soit, l'annonce de la mort du Che est à la une de tous les journaux de la planète, de Paris à Moscou, de New York à Pékin. Elle fait délirer les journalistes et bouleverse les intellectuels. « *L'homme le plus complet de son époque* », pour Jean-Paul Sartre... Mais c'est à La Havane que le changement est le plus sidérant. Che, qui se mêlait de ce qui ne le regardait pas, qui vilipendait l'URSS sans demander son avis à Castro, le centralisateur, l'utopiste, l'arrogant, le héraut de l'anti-impérialisme socialiste, devient par miracle une grande figure, un exemple à suivre... « *Le sang du Che, proclame Fidel, a coulé pour tous les exploités.* » Du coup les Cubains se prosternent devant l'image de

Guevara et remettent en selle l'homme nouveau et le travail volontaire tant décrié de son vivant...

L'impact emblématique d'Ernesto Guevara est inséparable de la mise en scène de sa mort. Il trouve sa confirmation non pas dans les discours et les messages du Che, les oraisons funèbres de Fidel Castro ou l'exaltation posthume du martyr, mais dans le regard que Guevara, mort, porte sur ses bourreaux et sur le monde. Aux uns, il accorde son pardon parce qu'ils ne savent pas ce qu'ils font ; aux autres, il affirme qu'on ne souffre pas quand on meurt pour ses idées. L'autre Guevara, dont la colère et la dépression juraient avec ce que l'on savait de lui, se serait difficilement converti en emblème de l'héroïsme et de l'abnégation.

Trente-six ans après, chacun des habitants de La Higuera et de Villegrande se souvient. Chacun d'eux défend une vision de celui qu'ils considèrent aujourd'hui comme un héros et même un saint. Le lieutenant-colonel Andrès Selitch qui a procédé au dernier interrogatoire du Che et fait disparaître son corps, un homme coléreux et brutal, fut abattu lors d'un coup d'État. Le général Barrientos, chef de la junte bolivienne, trouva la mort dans un accident d'hélicoptère moins d'un an après le décès de l'Argentin. Le chef d'état-major fut assassiné à Buenos Aires. Le général commandant la région, nommé ambassadeur en France, fut exécuté par un inconnu en plein cœur de Paris. L'agent de la CIA, Félix Rodriguez, a souffert de graves crises d'asthme. Mario Terán, le bourreau, a été chassé de l'armée pour abus d'alcool ; clochard, il finit ses jours dans un asile psychiatrique. Quant au médecin chargé de couper les mains de Che, il mourut fou. Cette succession de morts peu communes n'est pas passée inaperçue dans la région de Vallegrande. « *C'est la malédiction du Che qui s'est abattue sur ses assassins...* »

Il a fallu attendre vingt ans pour que les trois photos de Guevara prisonnier soient mises en circulation. Ni Félix Rodriguez, l'opérateur de la CIA qui prit l'une d'elles, ni le général Arnaldo Saucedo Parada, auquel on doit les deux autres, ne les avaient divulguées. Là aussi pour des raisons cyniques. Quelques jours après l'embuscade du Yuro, on avait compris que le Che n'était pas mort au combat. Il fallait donc dissimuler les photos du Che prisonnier pour couvrir son exécution de sang-froid. Le Che mort les arrangeait. Il ne pouvait accuser personne... Mais il générait un mythe.

Aujourd'hui La Higuera s'est arrêtée à l'heure du Che. Ce village haut perché lui voue encore un culte naïf, empreint de dévotion. Un musée de la guérilla expose des objets présumés avoir appartenu aux combattants de l'Armée de libération nationale. Dans chaque maison, on trouve un portrait du héros orné de fleurs fraîches. Des fresques exaltent son épopée. Il y a même un mausolée en plâtre du Che ; un gros rocher marqué de deux croix indique l'endroit où il a bu un peu d'eau, avant d'être conduit à l'école. Plus loin, une sorte de petit musée conserve la chaise sur laquelle il s'est assis. À La Higuera on prie Dieu et « San Ernesto de La Higuera », le Che, on allume des cierges autour du mausolée et des prières sont récitées régulièrement... Teresa Royas implore quotidiennement la protection de San Ernesto à qui elle attribue de nombreux miracles :

« *Il m'a toujours protégée, moi et ma famille,* confesse-t-elle, *il est le protecteur des voyageurs et archange souverain contre les accouchements difficiles. Le Comandante, ajoute Teresa, était très bon. Il aidait les femmes à accoucher. Ici, en haut, il n'y avait pas de route. Nous ne recevions aucune aide et nos filles mouraient au moment de donner la vie. C'était en plus un grand voyageur. Il se déplaçait beaucoup. Moi je dis que quand il était vivant, nous aurions dû comprendre le message. Il parlait de choses extraordinaires, de justice sociale, de réduction des inégalités, de scolarité et d'aide médicale obligatoires. Et surtout, il voulait que nous, les pauvres, nous n'ayons plus jamais faim. Mais nous avions peur, c'est pour cela que nous ne l'avons pas aidé. Aujourd'hui nous savons pourquoi il se battait. Il est mort pour nous comme Jésus-Christ.* »

Pourtant, dans cet endroit déshérité, rien n'a changé : la pauvreté, les maladies, des hommes méfiants, terrorisés par l'armée qui leur répétait que les envahisseurs guérilleros étrangers allaient voler leurs terres et violer leurs femmes. Comme l'explique un médecin du village : « *Si la colonne du Che passait par ici aujourd'hui, ils la dénonceraient comme en 1967...* » Alors pourquoi un autel, du pain et du vin ? Parce qu'un homme qui a souffert jusqu'à en mourir est sanctifié. En catholiques primitifs, ils ont pris ce visiteur barbu, blessé et en guenilles pour le Christ, mais ils n'ont rien compris au message politique du Che. Le révolutionnaire a échoué, laissant la place à un mythe dans les départements de Chuisaca et de Santa Cruz. Les paysans ont recyclé le message guévariste en nouveau mysticisme, la lutte armée en épreuve sanctificatrice par la béatification du Che.

Quelques semaines avant sa mort, sur les chemins poussiéreux de Bolivie, tandis que Cuba a cessé toute liaison avec le groupe rebelle et que l'équipe supposée lui venir en aide est démobilisée, Fidel Castro, explique Jorge Casteñada dans son ouvrage *La Vida en rojo*, a fait une confidence au Soviétique Alexandre Kossiguine : « *Le camarade Guevara est en Bolivie, mais nous ne participons pas directement à cette lutte.* [...] *Nous appuyons le parti communiste local.* »

À La Havane comme à La Higuera, Ernesto Guevara a laissé un souvenir de profond humanisme, mais de cette sorte d'humanisme qui, pour forger des « hommes nouveaux », ne regarde pas aux sacrifices. Sur les murs de la capitale cubaine, des slogans affirment : « Che, tes idées et ton exemple sont toujours vivants. » Gravé sur la pierre ou à la chaux sur une paroi du lavoir de Vallegrande en Bolivie, un graffiti a pris des allures de sentence biblique : « Comme le Christ tu seras toujours parmi nous. »

Les raisons qui font qu'Ernesto Guevara a conquis un droit de cité dans l'imaginaire social de toute une génération sont multiples, mais il s'agit surtout d'une rencontre mystique entre un homme et son époque. Sa pertinence ne découle pas de son œuvre, ni même de son idéologie. Ses thèses politiques, militaires et économiques ne sont plus d'actualité. Il s'agit plutôt de l'adéquation quasi parfaite entre un individu et une période de l'histoire. Guevara s'est éteint à la veille de 1968, une année cruciale pour la seconde moitié du XXe siècle. Pour la dernière fois, tout semblait possible, et pour la première fois, la jeunesse occidentale s'abandonna à une brève révolte qui s'avéra décisive pour l'histoire de ce siècle. Personne mieux que le Che n'incarnait cette inquiétude.

Lui, Ernesto Guevara de la Serna qui un jour par esprit d'aventure et pour donner un sens à sa vie avait décidé de donner de l'oxygène à des peuples asphyxiés. Lui, l'asthmatique qui prit le train de la Révolution sans savoir qu'il le mènerait jusqu'à l'élaboration de théories économiques inapplicables. Lui, mauvais rédacteur de poésies qui avait relevé dans son dernier carnet quelques mots du poète Léon Felipe : « *Je t'aime non parce que tu es descendu d'une étoile, mais parce que tu m'as révélé que l'homme a des larmes et des angoisses, des clés pour ouvrir les portes et les fermer sur la lumière.* » Lui a su réussir sa mort en ne sacrifiant rien de sa vie.

Vingt ans plus tard, interrogé à propos du Che, Fidel Castro un peu agacé réunit ses souvenirs : « *Le Che fut une grande figure, pas seulement après le triomphe de la Révolution. Durant la guérilla, il fut très courageux, très audacieux. Moi, comme chef de la force rebelle, j'avais le devoir de le protéger, de le préserver au cours de missions stratégiques et, de nombreuses fois, le Che fut prêt à donner sa vie, notamment durant des opérations tactiques. Et j'avais l'obligation de protéger les chefs durant les missions périlleuses car si un homme combat toujours en première ligne, il court le risque d'être tué. Le Che a eu le privilège, comme il l'a toujours pressenti, de mourir jeune. C'est pour cela qu'il a laissé une grande image, une image éternelle. Nous qui vivons nous n'avons pas eu le privilège de l'éternelle jeunesse, mais nous avons eu celui de l'éternelle conviction, de l'éternelle fermeté et de l'éternelle fidélité à nos idéaux, et nous avons été conséquents jusqu'au bout...* »

Au fond d'une voiture, un soir de 1993, le *lider maximo* aurait glissé à l'oreille d'un ancien garde du corps du président Allende : « *Depuis qu'il est mort, il ne se passe pas une nuit sans que son image traverse mon sommeil !* »

QUELQUES DATES DANS LA VIE D'ERNESTO CHE GUEVARA

14 juillet 1928 : Naissance à Rosario da Fe, en Argentine, d'Ernesto Guevara-Lynch.

1935 : Fortement asthmatique, Ernesto ne peut suivre une scolarité normale. Sa mère se charge de son instruction. Très vite, il se passionne pour le sport.

1937 : Son père fonde un comité de soutien à la République espagnole. L'adolescence d'Ernesto coïncide avec le régime autoritaire de Perón.

1945-1951 : Ernesto s'inscrit en médecine. Il travaille comme infirmier sur un bateau pétrolier, puis comme praticien dans un centre d'hygiène municipal.

décembre 1951 : Début du voyage en moto avec Alberto Granado : ils traversent l'Argentine, le Chili, le Pérou, la Colombie, et atteignent le Venezuela en juillet 1952.

novembre 1952 : De retour à Buenos Aires, Ernesto Guevara obtient son diplôme de médecin.

juillet 1953 : Il repart pour un second voyage en Amérique latine avec son ami Carlos Ferrer. Traversée de la Bolivie où le gouvernement de Paz Estenssoro met en œuvre d'importantes réformes sociales. Il séjourne en Équateur et arrive au Guatemala, où le gouvernement démocratique du colonel Arbenz tente de résister aux grandes compagnies américaines. Il y rencontre Hilda Gadea, une exilée péruvienne qui devient sa femme. Il entre en relation avec un groupe de réfugiés cubains qui viennent d'arriver au Guatemala après l'assaut de la prison de la Moncada.

septembre 1954 : Installé à Mexico, il trouve du travail dans divers hôpitaux.

juillet-août 1955 : Il est présenté à Fidel Castro. Après une nuit de conversation intense, celui-ci l'enrôle comme médecin de l'expédition révolutionnaire qu'il prépare contre la dictature cubaine de Batista.

mars 1956 : Naissance de sa fille Hildita.

juin 1956 : Il est emprisonné pour plus d'un mois avec ses amis exilés cubains.

novembre 1956 : Le yacht *Granma* quitte le Mexique pour Cuba. Ses quatre-vingt-deux passagers ont pour but de renverser le régime de Batista et d'organiser la révolution dans l'île. Ils débarquent le 2 décembre, déjà repérés par l'ennemi. Le 21 décembre, le groupe de guérilla se reforme dans la montagne. Le 17 janvier, assaut d'une caserne et première victoire.

mai-juin 1957 : Le groupe s'étoffe et trouve des armes. Che Guevara opère dans la Sierra Maestra, avec sa « quatrième colonne ». Batista lance une opération massive contre la Sierra.

août 1958 : La « colonne » du Che compte cent quarante-huit hommes.

30 décembre 1958 : Le commandant Che Guevara remporte la bataille décisive de Santa Clara. Il est touché au bras gauche. Batista s'enfuit.

2 janvier 1959 : Le Che et Camilio Cienfuegos entrent à La Havane, tandis que Castro entre à Santiago de Cuba.

22 mai 1959 : Hilda et Ernesto divorcent.

2 juin 1959 : Che Guevara épouse Aleida March, une compagne de guérilla. Il part en ambassade auprès de pays africains et asiatiques pour stabiliser les relations économiques avec Cuba. À son retour, il est nommé responsable de l'industrialisation puis président de la Banque nationale.

octobre 1960 : Il voyage en URSS et en Chine.

février 1961 : Il devient ministre de l'Industrie.

avril 1961 : Mille cinq cents partisans de Batista débarquent à la baie des Cochons. Ils sont rapidement capturés.

août 1961 : Il fait un discours anti-impérialiste à Punta del Este (Uruguay), lors d'une conférence latino-américaine.

juillet 1963 : Il visite l'Algérie de Ben Bella.

9 décembre 1964 : Discours pour la libération de l'Amérique latine à l'assemblée des Nations unies, à New York.

janvier 1965 : Voyage en Afrique. Plusieurs mois de « disparition ».

3 octobre 1965 : Castro lit publiquement le message d'adieu du Che.

3 novembre 1965 : Il part en Bolivie pour y conduire la guérilla révolutionnaire.

6 novembre 1965 : Il rejoint la base de la guérilla bolivienne à Nancahúazu. Le gouvernement bolivien, appuyé par les États-Unis, déploie contre le Che d'importantes forces militaires.

8 octobre 1967 : Le Che et son groupe sont capturés. Interrogé, Che Guevara ne répond à aucune question.

9 octobre 1967 : Il est exécuté d'une rafale de mitraillette sur ordre du président bolivien Barrientos.

BIBLIOGRAPHIE

Dariel Alarcon Ramirez, dit Benigno, et Mariano Rodriguez, *Les Survivants du Che*, Le Rocher, 1995.

Jon Lee Anderson, *Che Guevara, une vie révolutionnaire*, Grove and Press Book, USA, 1997.

Charles Bettelheim, *La Transition vers l'économie socialiste*, François Maspéro, 1970.

Jean Cau, *Une passion pour Che Guevara*, Julliard, 1979.

Jean Cormier, *Che Guevara*, Le Rocher, 1995.

Jean Cormier, *Che Guevara. Compagnon de la Révolution*, Éditions Découvertes Gallimard, 1996.

Raul Corrales et Alberto Korda, *Che*, album de photographies, Messidor, 1991.

Adys Cupull et Gonzàlez Froilàn, *Ernestito, vivo y presente*, Éditions Politica, La Havane, 1989.

Adys Cupull et Gonzàlez Froilàn, *Un hombre bravo*, Éditions Capitàn San Luis, La Havane, 1994.

Régis Debray, *Loués soient nos seigneurs*, Gallimard, 1996.

Richard Dindo, *Ernesto Che Guevara, le journal de Bolivie*, film de 92 mn, France.

René Dumont, *Cuba, socialisme et développement*, Le Seuil, 1964.

René Dumont, *Cuba est-il socialiste ?*, Le Seuil, 1970.

Hilda Gadea, *Años decisivos*, Aguilar, Mexico, 1972.

Philippe Gavi, *Che Guevara*, Éditions Universitaires, 1970.

Ernesto Guevara de la Serna (Che), *Pasajes de la guerra revolucionaria*, Éditions Unions, La Havane, 1963.

Ernesto Guevara de la Serna (Che), *Pasajes de la guerra revolucionaria*, Éditions Mondadori, La Havane, 1999.

Ernesto Guevara de la Serna (Che), *Obras completas*, Casa de las Américas, La Havane, 1970.

Ernesto Guevara de la Serna (Che), *Escritos y discursos*, Éditions Ciencias Sociales, La Havane, 1972.

Ernesto Guevara de la Serna, *Che and the Cuban Revolution* (writings and speeches of Ernesto Che Guevara), Pathfinder/Pacific and Asia, Sydney, 1987.

Ernesto Guevara de la Serna (Che), *Notas de viajes*, Éditions Abril, La Havane, 1992.

Ernesto Guevara de la Serna, *El socialismo y el hombre en Cuba*, Editora Politica, La Havane, 1993.

Che Guevara et Castro Raul, *La conquista de la esperanza* (textes inédits de la guérilla cubaine avec les textes de Heinz Dieterich et Paco I. Taibo II), Éditions Abril, La Havane, 1996.

Ernesto Guevara-Lynch, *Aqui va un soldato de América*, Sudamerica Planeta, Buenos Aires, 1987.

Ernesto Guevara-Lynch, *Mi hijo el Che*, Éditions Planeta, Barcelone, 1981.

Janette Habel, *Ruptures à Cuba. Le castrisme en crise*, La Brêche, 1989.

Pierre Kalfon, *Che, une légende du siecle*, Le Seuil, 1997.

Jacques de Lannay, *Les Morts mystérieuses de l'histoire contemporaine*, Film Paris, Dargaud, 1970.

Jean Lartéguy, *Les Guérrilleros*, Solar, 1967.

Ricardo Jorge Masetti, père, *Los que luchan y los que lloran*, Freeland, Buenos Aires, 1968.

Ricardo Jorge Masetti, fils, *La Loi des corsaires, itinéraire d'un enfant de la Révolution cubaine*, Stock, 1993.

Jesus Montane et David Deutschmann, *Che en la memoria de Fidel Castro*, Ocean-Press, La Havane, 1998.

Jean-Jacques Nattiez, *Ernesto Che Guevara*, Seghers, 1970.

Gary Salmòn Prado, *La guerilla inmolada. Testimonio y analisis de un protagonista*, Punto y Coma, Santa Cruz, Bolivie, 1987.

Ricardo Rojo, *Che Guevara, vie et mort d'un ami*, Le Seuil, 1968.

Froilàn Sacobar et Félix Guerra, *L'Année où nous n'étions nulle part*, extraits du journal d'Ernesto Che Guevara en Afrique, Métaillié, 1995.

Léo Sauvage, *Le Cas Che*, Éditions de la Table Ronde, 1971.

Paco Ignacio Taibo II, *Ernesto Guevara connu aussi comme le Che*, Éditions Métaillié/Payot, 1997.

Paco Ignacio Taibo II, *La bataille del Che, Santa Clara*, Politica, La Havane, 1989.

Severino Tutino, *L'Octobre cubain*, Maspéro, 1969.

Severino Tutino, *Guevara al tempo di Guevara*, Riuniti, Rome, 1996

Severino Tutino, *Il Che in Bolivia. Memorie di un cronista*, Riuniti, Rome, 1996

Harry Villegas, *Pombo, un homme de la guérilla du Che*, journal et témoignages inédits 1966-1968, Editora Politica, La Havane, 1996.

ARTICLES DE PRESSE

« La résurrection du Che », Jean-François Fogel, *Le Monde*, mai 1997.

« Ici repose Che Guevara... », Jean-Paul Mari, *Le Nouvel Observateur*, 14 mars 1996.

« Héros et martyr : les deux images du Che ». Tomas Eloy Martinez, *Courrier international*, octobre 1996.

« Vie et mort du Che en Bolivie ». Georges Marion, *Le Monde*, novembre 1996.

« Le Che attend son histoire ». François Maspéro, *Le Monde des Livres*, septembre 1995.

« Il gênait tout le monde ». François Maspéro, *Le Monde*, 9 octobre 1997.

« Y a-t-il un économiste dans la salle ? », Edouard Waintrop, *Libération*, septembre 1995.

« Le dernier combat du Che ». *Libération*, février-mars 1995.

« Naissance d'un mythe ». Jorge G. Casteñada, Mario Monje, Gary Prado, *Le Monde*, 9 octobre 1997.

Grand reporter à TF1, l'auteur est spécialiste de l'Amérique latine et en particulier de Cuba où il a effectué de très nombreux séjours et réalisé plusieurs reportages télévisés.

Il a déjà publié en 1997 un livre sur le Che, *La Foi du guerrier*, aux éditions TF1 / Paris Match et connaît personnellement de nombreux acteurs de la vie d'Ernesto Guevara.

On le voit ici en compagnie de Camillo Guevara-March, le fils aîné du Che, de Mario Ferrer l'un des photographes qui fut attaché à l'épopée du « guerrier héroïque » et de Victor Drake, le premier compagnon du Che au Congo.

Alain Ammar a également publié *Cuba, un pays à part* aux éditions Fontaine et un roman *Le témoin imaginaire* aux éditions Spengler.

REMERCIEMENTS

Notre reconnaissance et nos remerciements vont à Célia Guevara-March, Iraida Iguarachu-Nuñez, Victor Drake, Mario Ferrer, Gloria Blanco, Jacqueline Toranzo-Otero et Lazzaro Hernandez pour leur soutien lors de la réalisation de cet ouvrage, et spécialement à Freddy Alborta et Richard Dindo, pour leur aide précieuse et les documents qu'ils ont eu la gentillesse de nous confier.

Un grand merci aussi à Jean-Claude et Alexander Racapé, pour nous avoir permis d'écrire de longues pages de ce texte dans la quiétude de leur manoir normand.

DIRECTION ARTISTIQUE
Luc Doligez

CRÉDITS PHOTOS

Les droits de publication ont été acquis par Alain Ammar
auprès d'Editora Politica, avec l'aimable autorisation de
Mme Iraida Iguarachu-Nuñez et des photographes cités ci-dessous :

Photo de couverture : Salas

Oswaldo et Roberto Salas10, 100, 105, 110a, 111, 115, 128
Liberio Novel 6, 7, 20
Arnoldo Santos 16
Freddy Alborta 22, 26a, 26b, 28, 31a, 31b, 200
Richard Dindo 27, 30, 186a, 186b, 186c, 187, 188, 189, 190, 191, 192, 193, 194,
195a, 195b, 196, 197, 198a, 198b, 199
Mario Ferrer 92, 118, 119a, 119b, 119c, 120, 121a, 121b, 121c, 122, 123
Alberto Korda 106
Raul Corrales 124, 129

Avec l'aimable et gracieuse autorisation de
Salvador Villaseca 127a, 127b
Carlos Blanco 132
Mme Celia Guevara-March 144, 145, 149, 150
M. Victor Drake 174a, 174b, 175, 176, 177, 179

Achevé d'imprimer en France par Pollina, Luçon
N°d'impression : L 90787
N°d'édition : 21904
Dépôt légal : octobre 2003

RECOMPENSA
Se ofrece la suma de 50.000.-
Pesos bolivianos (Cincuenta millones de bolivianos), a quién entregue vivo o muerto, (Preferiblemente vivo), al guerrillero Ernesto "Che" Guevara, de quién se sabe con certeza de que se encuentra en territorio boliviano.